DRIVE YOUR
ADVENTURE

Clémence Polge und Thomas Corbet

DRIVE YOUR ADVENTURE

Norwegen mit dem Van entdecken

BRUCKMANN

Vorwort

Als wir vor zehn Jahren WeVan gegründet haben, war das Herumreisen im Campervan noch eine Sache für Eingeweihte, die wussten, welche großartigen Vorzüge das Leben im Van zu bieten hat: Man fährt einfach los, sucht sich für die Nacht einen Platz inmitten der freien Natur, folgt keinerlei striktem Plan, sondern lässt sich allein von seiner Entdeckerlust leiten. Während dieses Konzept bei einigen anfangs noch auf Skepsis stieß, erfreut es sich inzwischen allgemeiner Beliebtheit. Wir sind stolz darauf, mit zu seiner Popularität beigetragen zu haben. Wir gehörten zu den Ersten, die in Frankreich Vans verliehen und damit vielen Reiselustigen ermöglicht haben ihr persönliches Abenteuer on the road zu erleben. Ein Abenteuer, das darauf abzielt, sich zu beschränken und auf das Wesentliche zu besinnen.

Aus dieser Philosophie heraus entstand *Drive Your Adventure*, das war unser Motto, bezeichnete den Reisestil, den wir geprägt haben, und war schon bald sehr viel mehr als das. Wir wollten unsere Leidenschaft mit anderen teilen, und allen Interessierten zeigen, wie toll das Vanlife ist. Und ebenso gelangte DYA zu seiner eigentlichen Bestimmung: Wir initiierten eine Reihe von Expeditionen, mit dem Ziel, Werbung für Roadtrips im Van zu machen.

Die ersten Botschafter von DYA, Elsa und Bertrand, gingen also auf große Abenteuerfahrt und bereisten in sechs Monaten 24 europäische Länder. So entstand der erste Band der gleichnamigen Reihe. Nach diesem ersten großen Reisebericht kam der Wunsch auf, die dort vorgestellten Länder noch einmal genauer zu erforschen, und jedes Land in einem einzelnen Band zu präsentieren. Den Anfang haben Clémence und Thomas gemacht, sie sind zwei Monate kreuz und quer durch Norwegen gereist. Wir hoffen, dass ihr bei der Lektüre ihres Berichts Lust bekommt, euch ebenfalls gleich auf den Weg zu machen, und dass alle praktischen Hinweise und Geheimtipps der beiden euch bei der Vorbereitung eures Roadtrips in dieses wunderbare Land von Nutzen sein werden.

Joseph Teyssier und Augustin Bouyer, Gründer von WeVan

Vor gut vier Jahren habe ich die frühere Wohnung von Clémence übernommen. Ein paar Wochen danach kam sie vorbei, um ihr Fahrrad abzuholen, und sogleich waren wir in eine lebhafte Unterhaltung verstrickt. Dabei kamen wir schnell auf das Thema Lieblingsreiseziele und stellten fest, dass wir beide davon träumten, Norwegen zu durchqueren. Als wir diesen Traum dann später in die Tat umsetzten, haben wir uns auf Anhieb in dieses Land verliebt.

Nachdem wir zwei Jahre zusammen waren, begannen wir ernsthaft darüber nachzudenken, dauerhaft im Van zu leben und zu arbeiten. 2017 schließlich wagten wir den Sprung und begannen, Vollzeit als digitale Nomaden zu arbeiten. Wir wünschten uns, ein umweltbewussteres Leben zu führen und liebten es, on the road zu sein. Als WeVan für seine zweite Tour durch Europa Kandidaten für *Drive Your Adventure* suchte, war uns schnell klar, dass wir uns bewerben wollten. Die Aussicht, noch einmal nach Norwegen zu kommen, war einfach zu verlockend, zumal der erste *Drive Your Adventure*-Band bereits einen Ehrenplatz in unserem Bücherregal einnahm. Als wir dann während eines Restaurantbesuchs erfuhren, dass wir das Rennen gemacht hatten, gaben wir mitten im Lokal spontan eine kleine Tanzeinlage! Wir würden also unser Lebensgefühl und unser skandinavisches Abenteuer in Worte und Bilder (dank des fotografischen Blicks von Clémence) fassen und so mit euch teilen dürfen. Also, worauf warten wir noch, los geht's, wir nehmen euch mit nach Norwegen!

Clémence Polge und Thomas Corbet vom Team DYA#2

Inhalt

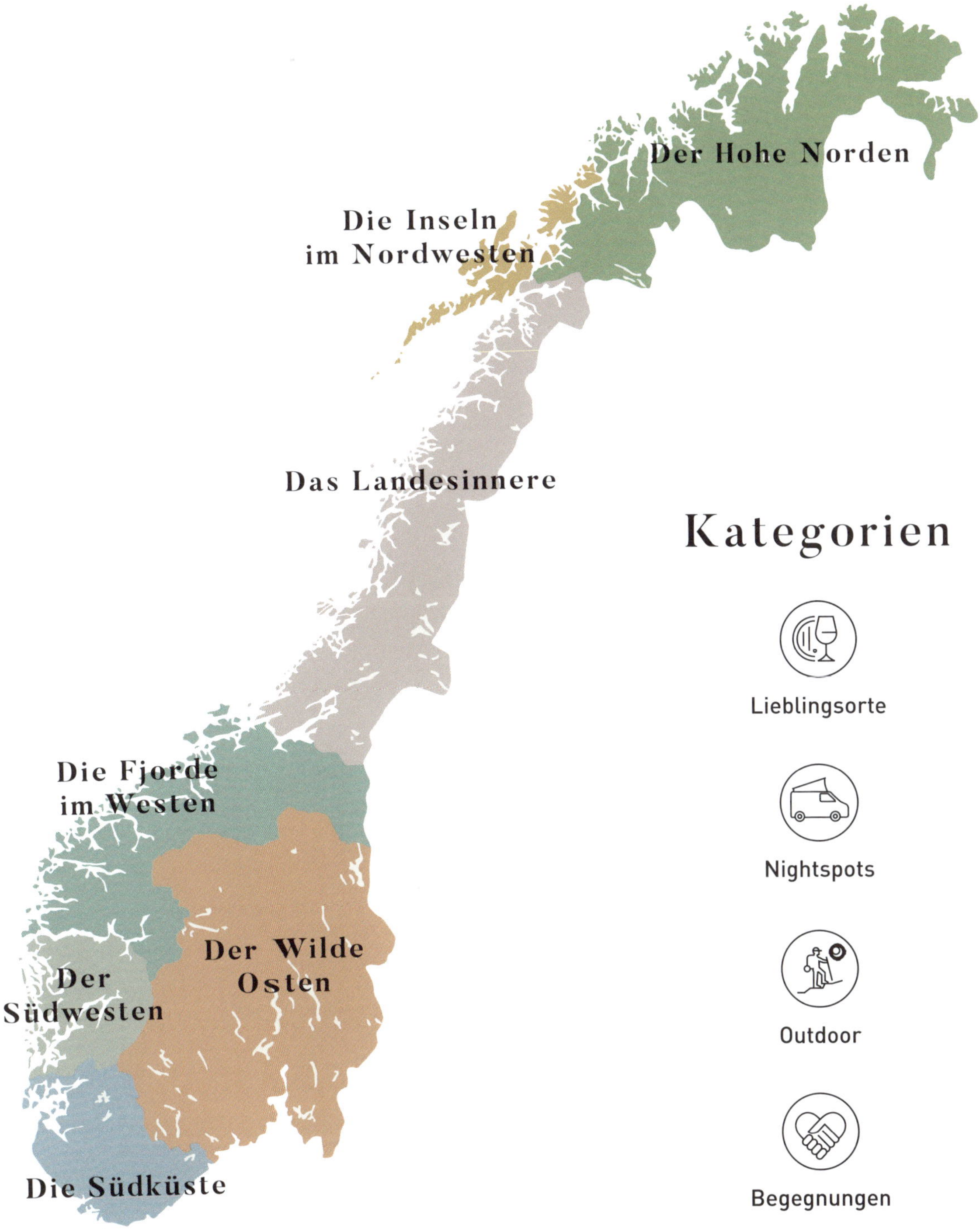

Kategorien

Lieblingsorte

Nightspots

Outdoor

Begegnungen

So bereitet ihr eure Reise nach Norwegen vor

Die wichtigsten Regionen Norwegens

Auch wenn Norwegen erst seit 1905 unabhängig ist, hat es eine lange Geschichte, in deren Folge es in verschiedene Verwaltungsprovinzen aufgegliedert wurde. Lange bevor das Land unabhängig wurde, stand das Gebiet nämlich unter der Kontrolle Dänemarks und wurde von *jarls* regiert, die in etwa unseren Grafen entsprechen. Norwegen ist in 18 *fylker* aufgeteilt, das ist die größte administrative Einheit, wie Finnmark, Hordaland, Telemark, etc. Und jedes *fylke* ist wiederum in *kommuner* (Kommunen) unterteilt.

Rein geografisch betrachtet ist das Gebiet in fünf große Regionen aufgeteilt, die *landsdeler*:

Nord-Norge, das ist der nördlichste Landesteil;

Midt-Norge (oder auch Trøndelag), die Region um Trondheim herum;

Vestlandet, der südwestliche Teil des Landes, dort befinden sich die meisten der berühmten Fjorde;

Østlandet, der südöstliche Landesteil, in dem die Hauptstadt Oslo liegt;

Sørlandet, die Südspitze.

Um unsere Erfahrungen möglichst direkt wiederzugeben und jeden Teil unseres Reiseberichts ähnlich zu gewichten, haben wir beschlossen, unsere Reise in sieben Abschnitte zu unterteilen, die ihr beim Lesen nach und nach entdecken könnt.

Klima

Klimatisch gesehen ist Norwegen ein einziges Paradox. Man rechnet mit nasskaltem Wetter, dabei herrscht in Norwegen eher ein gemäßigtes Klima vor. Vor allem entlang der Küsten, wo der Einfluss des Golfstroms spürbar ist: Während die weiter südlich gelegene Ostsee im Winter zufriert, ist die norwegische Küste immer eisfrei. Im Landesinneren sind die Winter dagegen deutlich härter. Das erklärt auch, warum in den Wintermonaten viele Straßen für den Verkehr gesperrt sind.

Es empfiehlt sich also, das Land zwischen April und Oktober zu besuchen, zumal man in dieser Zeit in den Genuss von langen, sehr langen Tagen kommt. Vor allem von Mai bis Juli im Norden Norwegens, wo die Sonne gar nicht mehr untergeht.

Der einzige Haken an diesem letztlich eher milden Klima ist, dass es ganzjährig Niederschläge gibt.

Formalitäten

Auch wenn Norwegen nicht Mitglied der Europäischen Union ist, unterhält es enge Beziehungen zur EU, es ist Mitglied der EFTA (Europäischen Freihandelszone) und des Europäischen Wirtschaftsraums (EWR). Dieser garantiert die gleichen Freiheiten wie in der Europäischen Union, und vor allem jene, die für uns von Interesse ist, nämlich den freien Personenverkehr. Dementsprechend wird von EU-Bürgern, die Norwegen besuchen wollen, kein Visum verlangt. Sie müssen jedoch einen gültigen Ausweis vorlegen (Personalausweis oder Reisepass). Darüber hinaus – das ist für uns als Autofahrer von besonderem Interesse – werden deutsche Führerscheine in Norwegen anerkannt. Jetzt müsst ihr nur noch überprüfen, ob die Kfz-Versicherung eures Vans Norwegen und die Länder, durch die ihr fahrt, mit abdeckt.

Gesundheit

Klar, wenn man sich auf seine Reise vorbereitet, möchte man nicht daran denken, dass man währenddessen krank werden könnte. Aber es ist doch besser, auf jede Eventualität vorbereitet zu sein, zumal wenn es um die eigene Gesundheit geht.

Für Norwegen-Reisende bieten sich da zwei Möglichkeiten an:

- die Europäische Krankenversicherungskarte (erhält man bei seiner Krankenversicherung), um Arztkosten abzudecken. Durch sie hat man das gleiche Anrecht auf Behandlung wie die norwegischen Versicherten auch und muss das Geld dafür nicht vorstrecken;
- eine nachträgliche Erstattung durch die eigene Krankenkasse.

So weit zu den Formalitäten. Nun zum medizinischen Teil, also zu den Impfungen (ja, wir waren genauso überrascht wie ihr!), beziehungsweise zur Impfung gegen die durch Zecken ausgelöste Hirnhautentzündung (FSME), für den Fall, dass ihr Ausflüge aufs Land oder in den Wald plant (diese kleinen Parasiten haben sich in den letzten Jahren immer mehr ausgebreitet). Zwar wird das in den Reiseführern bisher noch nicht erwähnt, und wir wollen auch keine Panik schüren, aber ein Reisemediziner hat uns be-

stätigt, dass das von Zecken übertragene FSME-Virus das Nervensystem schwer schädigen kann. Am besten erkundigt ihr euch rechtzeitig, in welchen Abständen die Spritzen gegeben werden müssen, sodass ihr am Ende keine böse Überraschung erlebt. Ihr benötigt insgesamt drei Impfungen, erst ab der zweiten seid ihr geschützt, und das auch nur für einen begrenzten Zeitraum!
Es versteht sich von selbst, dass man keinen Roadtrip ohne ein Erste-Hilfe-Set und/oder eine Reiseapotheke unternimmt. Und da wir gerade beim Thema Zecken waren: Denkt an eine Pinzette oder Zeckenkarte zum Entfernen der Zecken, vor allem wenn ihr mit eurem Haustier unterwegs seid.

Apropos, vergesst nicht euren vierbeinigen Freund impfen zu lassen, falls er nicht bereits geimpft ist (gegen Tollwut). Möglicherweise empfiehlt sich das auch für Vögel oder Reptilien, aber damit kennen wir uns nicht aus. Und jetzt mal ehrlich, wer reist schon mit einer Boa im Van?!
Kleiner Tipp: www.petsontour.de/de/eu-bestimmungen.aspx, www.norway.no/de/germany/dienstleistungen-info/mit-tieren-nach-norwegen/, zwei super Websites, auf denen sämtliche Ratschläge und erforderliche Formalitäten pro Tier und Land erfasst/aufgelistet sind.

Mobilfunk und Internet

Seit 2017 zahlt man für Telefonieren und Surfen mit 4G innerhalb Europas keine zusätzlichen Roaming-Gebühren mehr (jeder Anbieter hat dafür jedoch andere Rahmenbedingungen, über die man sich vor seiner Abreise informieren sollte), und das gilt auch für ganz Norwegen. Wenn es also Probleme gibt, wird sich das nicht in einem Aufschlag auf eurer Rechnung bemerkbar machen, und ihr werdet auf jeden Fall die restliche Zeit gut erreichbar sein. Noch ein Vorzug, der nicht zu unterschätzen ist: Wenn ihr einen Netzempfang habt, könnt ihr euer Handy als mobilen Hotspot für euren Rechner einsetzen und als GPS nutzen (und wenn ihr über eine entsprechende App verfügt, könnt ihr

wie bei Google-Maps spezielle Karten »offline« speichern, für den Fall, dass ihr mal irgendwo in der Pampa unterwegs seid, und kein Netz habt). Sehr nützlich! Ansonsten haben wir festgestellt, dass Norwegen beim Ausbau seines WLAN zahlreichen Ländern einen großen Schritt voraus ist – es ist in den meisten Städten, in Restaurants und im öffentlichen Nahverkehr etc. verfügbar.
Für diejenigen von euch, die mit großem technischem Equipment anreisen: Die norwegischen Steckdosen unterscheiden sich nicht von denen auf dem europäischen Festland, man benötigt dafür keinen Adapter.

Finanzen

Die Landeswährung in Norwegen ist die Norwegische Krone, *norsk krone* oder abgekürzt NOK. Als wir unterwegs waren, entsprach eine Krone 11 Cent. Bevor ihr die Eurozone verlasst, fragt bei eurer Bank nach, wie hoch die fälligen Gebühren sind, falls ihr Geld am Automaten abhebt oder mit der Karte bezahlt. Das kann ziemlich ins Geld gehen, je nachdem welche Kreditkarte man hat. Darauf sollte man besser vorbereitet sein, und diese Kosten in sein Budget mit einplanen, zumal die Lebenshaltungskosten in Norwegen sich auch in eurem Portemonnaie bemerkbar machen werden! Nur damit ihr eine Vorstellung habt: Die Preise in Norwegen sind doppelt bis dreimal so hoch wie in Deutschland. Das gilt vor allem für Lebensmittel etc. Die Preise für Benzin entsprechen – außer in einigen entlegenen Regionen – in etwa denen in Deutschland. Also achtet darauf, dass ihr euer Reisebudget entsprechend kalkuliert!

Im Alltag
Entgegen dem, was man in manchen Reiseführern lesen kann, werden Giro-Karten fast überall akzeptiert, selbst bei kleinen Beträgen (gut, wenn man kontaktlos zahlen kann!), und die allermeisten größeren Städte verfügen über Geldautomaten. Trinkgelder sind in Norwegen keine Pflicht. Solltet ihr dennoch ein kleines Trinkgeld geben wollen, so bewegt sich das in der Regel zwischen 5 bis 15 Prozent der Rechnung.

Damit ihr euer Reisebudget vorher in etwa planen könnt, haben wir mal aufgelistet, was wir so im Schnitt ausgegeben haben. Das müsst ihr einfach nur mit der Anzahl der Tage eures Aufenthalts multiplizieren, dann habt ihr eine ungefähre Vorstellung davon, was an Kosten auf euch zukommt!

Während unseres zweimonatigen Abenteuers haben wir zu zweit(besser zu zweieinhalbt, um genau zu sein, ja, Nel) etwa **75 € pro Tag** ausgegeben:

Benzin: 25 €

Fähren: 19 €

Einkäufe: 13 €

Ausgehen: (Restaurants, Cafés, Bars): 10 €

Campingplätze: 4 €

Diverse Kosten: (Parken, Souvenirs, Ski- und Kajak-Touren): 4 €

Zur Erläuterung dieser Zahlen: Wenn wir mit dem Van unterwegs sind, essen wir in der Regel nur einmal am Tag warm (und begnügen uns ansonsten mit ein paar Snacks), wenn ihr natürlich gern drei Mahlzeiten am Tag zu euch nehmt, dürften eure Ausgaben fürs Essen höher ausfallen als unsere.
Ansonsten sind wir in zwei Monaten 13.000 Kilometer gefahren, da wir in einer begrenzten Zeit möglichst viel vom Land sehen wollten. Das wird bei einigen von euch vielleicht anders sein. Wer es also weniger eilig hat als wir, kann an den Benzinkosten sicher sparen.
Der Vollständigkeit halber hätten wir euch gern den Gesamtbetrag der automatisch erhobenen Mautkosten genannt, die wir auf unserem Weg bezahlt haben. Leider haben wir bis heute keine Endabrechnung erhalten, und nach allem, was wir von anderen Reisenden gehört haben, kann es bis zu einem Jahr dauern, bis man sie bekommt.

Noch eine Schlussbemerkung: Alle in diesem Buch angegebenen Preise und Tarife sind bloße Richtwerte, und können, je nach Jahreszeit, selbstverständlich variieren und sich auch verändern!

Der Weg

Bei einem Roadtrip reißt man so einige Kilometer ab, klar! Aber je nachdem, wie viel Zeit ihr zur Verfügung habt oder welches Tempo ihr bevorzugt, kann eure Route natürlich von unserer abweichen. Wir haben vorher zahlreiche Blogs, Reiseführer und sonstige Literatur über Norwegen studiert. Wenn man im Van unterwegs ist, hat man den Vorteil, dass man immer mal wieder ausgetretene Pfade verlassen kann, dementsprechend haben wir nur einen groben Rahmen für unsere Reise festgelegt. Klar war, wir wollten in zwei Monaten etwa 13.000 Kilometer zurücklegen. Falls ihr weniger Zeit zur Verfügung habt, solltet ihr vorab eine Auswahl treffen, unser Reisebericht soll euch dabei helfen, doch unser allererster Rat ist: Plant nicht zu viele Kilometer für die euch zur Verfügung stehende Zeit ein. Dann könnt ihr in aller Ruhe das Land erkunden und verbringt euren Urlaub nicht hauptsächlich im Auto. (Eure Kinder werden es euch danken!)

Dann haben wir, um diesen groben Rahmen auf eine Karte zu übertragen, ein sehr praktisches Hilfsmittel benutzt: https://mapstr.com

Mapstr. ist eine Art weltweiter Reiseführer, der allen offensteht, über den jeder sich informieren kann (und auf dem jeder nach Lust und Laune auch etwas teilen kann). Was ist interessant zu besichtigen? Was muss man gesehen haben?Wo sollte man hinfahren/schlafen/essen etc.? Manchmal findet man dort auch kurze Kommentare, Adressen, Öffnungszeiten und Links zu den Websites. Ebenfalls ein Hilfsmittel, das uns gute Dienste geleistet hat.

Wenn ihr euch einen ersten Überblick über euer Reiseland verschaffen möchtet, ist der genannte Routenplaner sehr praktisch, zumal bei einem Land wie Norwegen mit seinen stark zerklüfteten Küsten, in dem man öfter vor der Frage steht, ob man eine Fähre – die nicht gerade umsonst ist – oder einen Umweg von mehreren Stunden rund um einen Fjord in Kauf nehmen soll. Für alle, die gerne etwas in der Hand halten und den Geruch von Papier mögen, ist eine gute alte Landkarte auch nicht verkehrt. (Es macht immer noch genauso viel Spaß wie früher, dort von Hand seine Route einzuzeichnen!)

Um es auf den Punkt zu bringen, Norwegen ist ein sehr ausgedehntes Land mit stark zerklüf-

Die Playlist

Ach, die Musik! Für einen gelungenen Roadtrip ist eine gute Playlist unverzichtbar, und da sind die Geschmäcker natürlich verschieden. Wenn ihr beim Fahren nicht auf Musik verzichten könnt, denkt daran, euch vorher etwas zusammenzustellen, das ihr hören könnt, wenn ihr über die märchenhaften Straßen Norwegens fahrt!

Kurzum, wir haben uns sehr nette Playlists auf Deezer zusammengestellt, die könnt ihr aufrufen, sie sind quasi unerschöpflich! Damit das funktioniert, braucht ihr natürlich Netz oder genug Speicherkapazitäten auf eurem Handy, um dort alle oder zumindest einen Teil der Titel zu speichern.

Ihr findet über das Buch verteilt, jeweils am Seitenende, einige Stücke, die zum Original-Soundtrack gehören, der uns auf unserer Reise begleitet hat, und die wir mit den großartigen Landschaften verbinden, die wir durchquert haben. Damit ihr euch mit uns gemeinsam noch mehr in diesen zweiten Band von Drive Your Adventure versenken könnt, laden wir euch ein, diese Playlist zu hören, die ihr auf Deezer unter folgendem Link finde könnt: www.deezer.com/fr/playlist/5471783842

teten Küsten. Die Entfernungen können reine Luftlinie vielleicht kurz erscheinen und sich dann als doch sehr viel länger herausstellen, und es gelten eher strengere Geschwindigkeitsbeschränkungen. Also, plant eure Touren gut, um nicht unnötig lange Umwege in Kauf nehmen zu müssen!

Die Ausrüstung

EIn Norwegen gibt es im Sommer zwei Faktoren, mit denen man rechnen muss: der Regen und die Mücken (klein und gefräßig). Also denkt daran, euch mit Mückenschutzmitteln einzudecken. Nach allem, was wir gehört und gelesen haben, sind wir zu dem Schluss gekommen, dass nur die vor Ort verkauften Mittel echten Schutz bieten. Es empfiehlt sich, die Moskitonetze des Vans damit einzusprühen, um eine noch größere Wirkung zu erzielen. Für Spaziergänge gibt es spezielle Hüte mit integriertem Netz, äußerst kleidsam ...

Für eure Outdoor-Aktivitäten nehmt euch, je nachdem was ihr vorhabt, die dafür nötige Ausrüstung am besten mit, von Badesachen über Wanderschuhe bis zur Angelrute. Wenn ihr in Seen oder Flüssen angeln wollt, müsst ihr euch an bestimmte Vorgaben halten (je nach Fischart gibt es unterschiedliche Mindestgrößen etc.), und euch einen oder auch mehrere Angelscheine besorgen (man erhält sie bei den verschiedenen lokalen Stellen, den Eigentümern der Gewässer oder auch auf speziellen Websites wie inatur.no, die jeweils nur für stark eingegrenzte Gebiete gelten). Am besten erkundigt ihr euch vorab!

In Norwegen kann man auch Skifahren, und zwar nicht nur im Winter, sondern auch im Sommer. Wenn ihr eure eigene Skiausrüstung mitnehmen wollt, um Kosten zu sparen, dann denkt daran, euch mit einem Dachgepäckträger auszustatten und eventuell einer Box, um darin alles unterzubringen, Skier, Schuhe etc. Achtung, es kann in Norwegen ganz schön kalt werden, auch im Sommer! Also passt eure Kleidung an die Temperaturen an. Das ist ein schwieriges Unterfangen, denn auch wenn der Platz in einem Van optimal ausgenutzt ist, so ist er doch begrenzt. Lasst euch also bei einigen anerkannten Outdoor-Ausrüstern beraten, am besten vor Ort. Viele testen die Ausrüstung selber und können dementsprechend einiges dazu sagen!

Dann kommt DIE Frage überhaupt: Was soll man mitnehmen? Die Antwort darauf fällt bei jedem ein bisschen anders aus, das hängt ganz von den jeweiligen Vorlieben ab, aber wir meinen, es gibt fünf Kategorien, die wirklich unverzichtbar sind:

1. Technische Ausrüstung, also Fotoapparat, Handy, Laptop etc., damit man seine Reise hübsch dokumentieren und mit anderen teilen kann. Das heißt natürlich nicht, dass man auf

seinem Trip nicht genauso gut abschalten und offline sein darf.
2. Kaffee und/oder Teebereiter. Wir von *Roammates* pflegen eine deutliche Vorliebe für den Coffee Dripper und die klassische italienische Espressokanne. Clémence braucht jeden Morgen ihren Latte Macchiato, bevor wir starten können!
3. Ein gutes Paar Schuhe, um durch die Stadt und/oder die Natur zu laufen. Ein paar Flipflops für die Dusche im Freien oder auf dem Campingplatz.
4. Ein Kartenspiel und ein paar E-Books für die langen Regentage oder -abende (egal zu welcher Jahreszeit man fährt, die gibt es immer!)
5. Unverderbliche Vorräte, damit könnt ihr eure Ausgaben fürs Essen deutlich begrenzen.

Wer mehr wissen will: Reiseliteratur und Norwegen im Netz

Auch wenn unser Reisebericht den Anspruch hat, euch möglichst umfassend auf euer Abenteuer im Van vorzubereiten, hier eine Liste von ausgewählten Büchern und Websites für weitergehende Informationen zum Thema und zu Spezialgebieten (wie zum Beispiel Wanderungen).

Reiseliteratur:

Drive Your Adventure: Bericht über einen Roadtrip im Van kreuz und quer durch Europa [Deutsch: Knesebeck-Verlag 2018]

I love the Seaside – Band zwei (Nordwest Europa): Für Liebhaber von Wassersport

Guide Marcus: 96 reizvolle Touren durch Norwegen, ideal für Wanderungen

Lonely Planet Norwegen: für noch mehr gute Tipps

Norwegen im Netz

we-van.com: So findet ihr euren *partner in crime* und die nächstgelegene WeVan-Agentur! Auf der Website könnt ihr durchspielen, wie viel ihr für die Miete eures Vans veranschlagen müsst, je nach Startpunkt, Reisedauer und Kilometerzahl, und könnt so euer Reisebudget leichter kalkulieren. Ihr erfahrt, welcher Van am besten für euch geeignet ist und welche zusätzlichen Optionen es gibt (Dachschutzplane, Serviceangebote, Ausstattung, Zubehör etc.).

driveyouradventure.com: der Blog von WeVan: dort könnt ihr euch einen Eindruck von unserer Tour verschaffen, unsere Highlights entdecken und euch schon mal ein bisschen auf das einstimmen, was euch erwartet.

visitnorway.de: eine umfangreiche und übersichtliche Website für Norwegen-Touristen. Es gibt zwar auch eine französische Version, aber die englischsprachige (oder die norwegische, für die Sprachgenies unter euch), ist deutlich umfassender.

rando-lofoten.net: eine Auflistung und Beschreibung diverser Wandertouren auf der Inselkette mit dazugehörigen Kommentaren. Besonders der Focus auf das Thema Umweltbewusstsein hat uns gefallen.

nasjonaleturistveger.no: Die Website mit den 18 Landschaftsrouten. Sehr detailliert und unverzichtbar für einige unvergessliche Streckenabschnitte und Kurven eurer Route!

www.Petsontour.de/de/eu-bestimmungen.aspx: Falls ihr mit eurem vierbeinigen Freund unterwegs seid, hier findet ihr alles zu Einreisebestimmungen, vorgeschriebenen Impfungen etc.

epcplc.com (Euro Parking Collection): Website zur Registrierung seines Fahrzeugs für die Mauterhebung.

inatur.no: um sich über Regelungen zum Angeln in Norwegen zu informieren und einen Angelschein zu erwerben.

park4night.com, gamping.fr, homecamper.com: Zwar sind diese Websites eher in Ländern nützlich, in denen es kein *Allemannstretten* gibt, aber die Websites und Apps sind echte *TripAdvisor* oder *Airbnb* für Nightspots, mit ihrer Hilfe werdet ihr bei eurer Suche nach einem Platz für die Nacht sicher fündig werden! Wir vergleichen gerne die Angaben und Ansichten von Park4night mit denen der App Campercontact, die beiden ergänzen sich gut.

Mapstr. und **Google Maps**, um eure Route auszutüfteln.

Instagram und **Pinterest**: um sich per Foto inspirieren zu lassen und herauszufinden, was man unbedingt sehen möchte.

So wird eure Reise nach Norwegen ein Erfolg

Outdoor-Aktivitäten in Norwegen

Ob Wasser, Berge oder Wälder, in Norwegen gibt es das alles im Überfluss. In Bezug auf Outdoor-Aktivitäten ist es das Land der unbegrenzten Möglichkeiten, man hat also die Qual der Wahl. So könnt ihr zum Beispiel:

- auf dem Surfbrett entlang der schier endlosen Küste surfen, sogar in den arktischen Gewässern vor den Lofoten
- eine Wanderung in einem der vielen Nationalparks des Landes oder irgendwo anders unternehmen
- eine oder zwei oder auch unendlich viele Paddeltouren auf einem Fjord machen
- euch die Skier anschnallen und die Pisten eines Gletschers hinuntersausen
- an einem See oder Fluss oder auch auf hoher See angeln
- hier oder da auch reiten ... aber das ist nicht überall möglich
- an einem der Strände im Süden ein paar total entspannte Nachmittage verbringen.

Diese Liste könnt ihr sicher bald ergänzen!

Eine Liste der Events, die man auf seinem Weg keineswegs versäumen sollte – ohne Anspruch auf Vollständigkeit!

Die Hälfte des Jahres befindet Norwegen sich in einer Art Halbschlaf, dafür sprießen mit Beginn des Frühlings die kulturellen Events wie Pilze aus dem Boden, vor allem Festivals aller Art.

Es lohnt sich auf jeden Fall, einen Abstecher zu einem der zahlreichen Foodfestivals zu machen (egal, ob es dabei um norwegische oder internationale Spezialitäten geht), die Produkte zu probieren und die besondere Atmosphäre zu erleben. Das hier sind die bekanntesten:

- **Gladmat, Stavanger**, zweite Julihälfte
- **Trondersk Matfestival, Trondheim**, Ende Juli, Anfang August
- **Bergen Matfestival, Bergen**, Ende August, Anfang September
- **Matstreif, Oslo**, Anfang September
- **Rakfisk Festival, Fagernes**, Ende Oktober/ Anfang November

Wenn Norwegen im Sommer in Feierlaune kommt, boomen natürlich auch die Musikfestivals im gesamten Land. Auf gute Stimmung und Sonnenschein ist in der Regel Verlass! Die Frage ist weniger, welches man besuchen will, als welches man nicht besuchen will:

- **Musikfest Oslo, Oslo**, erstes Juni-Wochenende
- **Slottsfjell, Tønsberg**, Mitte Juli
- **Bukta Festival, Tromsø**, Juli
- **Øya, Olso**, Anfang August
- **Parkenfestivalen, Bodø**, August.

Natürlich verfällt Norwegen auch den Rest des Jahres nicht vollständig in Winterschlaf. Allerdings dürfte es im Winter sehr viel schwieriger sein, mit dem Van zu einem der angebotenen Events zu kommen.

Mit dem Van nach Norwegen fahren

Bevor ihr losfahrt, solltet ihr euch überlegen, auf welchem Weg ihr nach Norwegen gelangen möchtet. Ihr habt die Wahl zwischen dem Wasser- und dem Landweg.

Wenn ihr euch für den Weg übers Wasser entscheidet, also zum Beispiel von Hirtshals (Dänemark) aus in gut drei Stunden nach Kristiansand (Norwegen), denkt daran, rechtzeitig einen Platz auf der Fähre zu reservieren. Nur um euch einen Anhaltspunkt zu geben: Für zwei Erwachsene, 1 Katze und einen Marco Polo Mercedes (einen Van, der unter sechs Meter lang und unter 2,6 Meter hoch ist), haben wir für die Überfahrt bei der Reederei Color Line (der andere große Anbieter, Fjord Line, hat die gleichen Preise, aber fährt seltener), 317 € bezahlt.

Es gibt natürlich auch Fährverbindungen zu anderen Städten, wie zum Beispiel von Kiel nach Oslo oder von Hirtshals nach Larvik (südwestlich von Oslo) oder nach Bergen.

Wer lieber den Landweg nimmt oder schnell seekrank wird, kann über Schweden nach Norwegen fahren: Für Fahrzeuge unter sechs Metern kostet eine einfache Fahrt durch den Øresundsbron-Tunnel zwischen Dänemark und Schweden 48 €, für Fahrzeuge wischen sechs und zehn Metern 96 €. Oder ihr fahrt über Finnland

oder Russland ... Doch die Brückengebühren gehen sicher weniger ins Geld als ein solcher Umweg!
Um euch ein bisschen bei der Planung behilflich zu sein, hier eine kleine Übersicht über die Entfernungen, die eventuell vor euch liegen:

- Hamburg – Hirtshals: 517 km
- Hamburg – Oslo, über Schweden: 1049 km,
- Hamburg – Kirkenes über Baltikum, Russland und Finnland: 3542 km, aber das macht nicht wirklich Sinn!

Das norwegische Straßennetz

Es ist nicht besonders dicht, das steht fest. Wenn ihr im Land unterwegs seid, solltet ihr regelmäßig einen Blick auf eure Benzinanzeige werfen, in einigen Gebieten gibt es mehr Tankstellen, in anderen weniger. Und sommers wie winters solltet ihr Schneeketten dabei haben. Viele Autobahnen und Landstraßen kosten Gebühren, und einige Städte erheben eine City-Maut. In der Regel werden diese Gebühren automatisch erhoben, der Einfachheit halber solltet ihr euren Wagen deshalb vorher auf der Website des Dienstleisters Euro Parking Collection (epcplc.com) anmelden.

Das Straßennetz ist zwar nicht gerade dicht, aber dafür hat es andere Qualitäten: Teilweise wurde es extra mit dem Ziel angelegt, die wunderbaren Landschaften, durch die es hindurchführt, besonders gut zur Geltung bringen. Vor allem durch die berühmten Panoramastraßen, die von der staatlichen norwegischen Straßenverwaltung geschaffen wurden, und man muss sagen, die versteht ihr Handwerk!
Die 18 Norwegischen Landschaftsrouten (oder auch, für die Einheimischen, *Nasjonale turistveger*), liegen größtenteils an der Westküste, und es ist ein echte Freude, über diese Panoramastraßen zu fahren, an deren Rande es immer wieder Aussichtspunkte gibt, von denen aus man das Naturerbe Norwegens bewundern kann. Meistens heißen sie nach dem Ort oder dem Aussichtspunkt, den sie in Szene setzen, manchmal tragen sie aber auch leicht poetisch klingende Bezeichnungen wie *Helgelandskyten* –

hier verschmelzen Himmel und Erde förmlich miteinander –, oder auch *Atlanterhavsveien* (Atlantikstraße), hier wird die Kraft der Elemente durch die sich in die Luft schraubenden acht Brücken, über die sie führt, versinnbildlicht.

Alle Informationen dazu findet ihr auf der Website: www.nasjonaleturistveger.no/de oder unter Norwegische Landschaftsrouten auf https://www.visitnorway.de

Um euch bei der Wahl eurer Route behilflich zu sein (und euch eine Vorstellung von den Entfernungen zu geben), hier noch einmal eine kurze Auflistung der Entfernungen zwischen einigen ausgewählten Orten des Landes:

- Leuchtturm von Lindesnes (Südspitze) – Nordkap: 1960 km
- Kristiansand – Oslo, 320 km
- Kristiansand – Bergen, 450 km
- Oslo – Bergen, 470 km
- Oslo – Stavanger, 560 km
- Oslo – Trondheim, 500 km
- Oslo – Tromsø, 1 620 km
- Bodø – Bodø über die Lofoten: 740 km und zwei Stunden Überfahrt mit der Fähre zwischen Bodø und dem Süden des Archipels.

Verkehrsregeln

- Auf den meisten Straßen gilt eine Geschwindigkeitsbeschränkung von 80 km/h, sogar auf der E6 (Oslo – Kirkenes).
- Es gilt Anschnallpflicht für alle.
- Fußgänger haben immer Vorrang.
- Telefonieren am Steuer ist verboten.

Auf norwegischen Straßen ist es Pflicht, Tag und Nacht mit Licht zu fahren.
Im Übrigen ist man in Norwegen bei einem erhöhten Blutalkoholwert am Steuer wenig tolerant. Die Grenze liegt bei 0,2 Promille, Verstöße werden streng geahndet. Also, bevor ihr noch Schwierigkeiten bekommt, und auch im Interesse eurer eigenen Sicherheit, wartet mit dem Feierabend-Drink, bis ihr euren Platz für den Abend erreicht habt.

Wildes Campen oder das Allemannsretten

In Bezug auf das Parken im Allgemeinen und auf Nightspots im Besonderen ist man in Norwegen relativ freizügig. Das Recht auf freien Zugang zur Natur, das *Allemannsretten*, wörtlich übersetzt »Jedermannsrecht«, ist ein Gewohnheitsrecht. Es erlaubt jedem überall zu campen (im Zelt oder im Van) und die Natur ohne Einschränkung zu genießen, wie auch das, was in ihr wächst, in gewissen Grenzen natürlich (man sollte einen Mindestabstand zum nächsten Haus einhalten und Rücksicht auf die Umwelt nehmen). Das gilt auch für Nationalparks, dort genießt ihr absolute Ruhe.
Aber aufgepasst, es ist streng verboten, abseits der dafür ausgewiesenen Straßen mit wie auch immer gearteten motorisierten Fahrzeugen zu fahren.

Camping in der Stadt ist auch möglich, vorausgesetzt man stört niemanden (auf Privatparkplätzen), man bezahlt die Parkgebühr, wenn verlangt, hier und da gibt es zeitlich befristete Einschränkungen etc.

Ernährung

Für einen Durchschnittsfranzosen und erst recht für die Gourmets unter uns, ist die norwegische Küche nicht gerade die raffinierteste. In der Regel werden Gemüse oder Fisch einfach nur gekocht und miteinander kombiniert. Man beschränkt sich also auf das Wesentliche, das bedeutet aber auch, die norwegische Ernährung dreht sich vornehmlich um das, was Boden und Gewässer zu bieten haben, nicht mehr und nicht weniger. Ihr findet entweder direkt bei den Erzeugern oder in den großen Supermärkten (Wochenmärkte gibt es in Norwegen nicht), Obst, Gemüse, Fisch und Fleisch, die ihr in eurem Van gemäß euren Kochkünsten und eurem kulinarischem Anspruch zubereiten könnt.

Für die weniger Mutigen unter euch, Norweger sind auch große Fans von Fertiggerichten:

- Pølse, die heimische Wurst, wird mit allen nur erdenklichen Soßen serviert. Dazu muss man wissen, dass die Norweger beim Wurstkonsum eine weltweite Spitzenposition einnehmen. Überzeugt euch selbst beim Blick in die riesige Wurstabteilung eines norwegischen Supermarktes.
- Butter und Käse aus dem Hause *Tine* ... Wenn man mal den *Galamost* außen vor lässt, der ein Fall für sich ist, und den äußerst umstrittenen *Brunost* (entweder man liebt ihn oder man hasst ihn), der größte Erzeuger von Milchprodukten des Landes hat ein paar feine Sachen im Angebot, mit denen man sein Brot belegen kann.
- das Flatbrød, (wörtlich »flaches Brot«): eine Art hauchdünnes, knuspriges Fladenbrot.
- das Svalbardbrød (unser persönlicher Favorit), und alle Brote der Marke Bakehuset – jede Region hat da so ihre Variante.
- das Lefse: das traditionelle norwegische Brot aus Kartoffeln, Milch oder Sahne, Mehl; wird auf heißen Platten gebacken (so eine Art Naan des Nordens).
- Waffeln, und die norwegischen sind in Herzform! Besonders gut schmecken sie mit Sahne und Waldbeeren.
- Pizza: Ja, kaum zu glauben, aber die Norweger gehören zu den größten Pizza-Konsumenten der Welt! Und, das muss man ihnen lassen, sie essen sie nicht nur (mit Begeisterung), sondern verstehen sich auch auf die Zubereitung.

Unser Tipp, wenn man möglichst authentisch essen möchte – denn die norwegische Art zu kochen lässt sich nicht so einfach kopieren –, dann sollte man sich hin und wieder einen Restaurantbesuch leisten. Für ein Essen für zwei Personen muss man um die 70/80 € einplanen (in einem Mittelklasselokal), dafür hat man dort die Gewähr, traditionelle Gerichte probieren zu können, die selbst Einheimische nur im Lokal essen.

Waschen

Der Marco Polo von Mercedes ist wirklich gut ausgestattet, nur eine Waschmaschine hat er nicht. Wenn man mehrere Wochen unterwegs ist, muss man früher oder später (eher früher als später) seine Sachen waschen.
Das ist in Norwegen gar nicht so einfach. So wie in vielen angelsächsischen Ländern auch, verfügen größere Wohnanlagen in den größeren Städten über eigene Waschmaschinen in Gemeinschaftsräumen. Dementsprechend gibt es kaum Waschsalons, in kleineren Städten schon mal gar nicht. Bleiben nur Campingplätze, Hotels und Lodges.
Eine andere Möglichkeit ist, seine Wäsche in freier Natur zu waschen, dann sollte man jedoch ein rein natürliches, zu 100 Prozent biologisch abbaubares Waschmittel nehmen, wie zum Beispiel Marseiller Seife.

So weit zu den praktischen Tipps, die wir euch geben können, damit ihr eure Reise nach Norwegen gut vorbereiten könnt und sie ein voller Erfolg wird. Darüber hinaus könnt ihr den Online-Ratgeber zur Reisevorbereitung im Campervan zu Rate ziehen, auf der Webseite We-van.com oder auch die Webseite visitnorway.de

Kleines Reise-Lexikon

Alphabet und Aussprache

Zunächst ein paar Hinweise zur Aussprache, die werdet ihr brauchen, glaubt uns!
Schon allein deshalb, weil das norwegische Alphabet drei Buchstaben hat, die es bei uns nicht gibt, nämlich die Vokale æ, ø und å, einen Konsonanten weniger, das c, und einen Halbkonsonanten mehr (ja, ihr habt richtig gelesen!), ja, aber auch deshalb, weil manche Konsonanten nicht mitgesprochen werden, je nachdem ob sie am Anfang, in der Mitte oder am Ende eines Wortes stehen.
Das kann ja lustig werden!

a: wie das a in Apfel
æ: ein überoffenes ä
å: kehlig, tief, wie das o in Boot
e: meist lang, wie in Besen, vor r wie ein kurzes ä
o: meist u, folgt ein doppelter Konsonant, ein v oder ein g, meist wie o
ø: wie das deutsche ö
u: meist wie ein ü, nur selten wie ein u
y: wie ein deutsches i
j: wie ein deutsches j, zusammen mit anderen Konsonanten (kj, tj) aber auch wie in »ich«
g: vor y, i, ei = j, ansonsten wie g, wie in »gut«
h: stumm vor v und j, sonst wie h wie in haben
sj: sch, wie auch skj und sk vor i, y und ei; auch s vor i wird »sch« gesprochen

Stumme Buchstaben:
ein h vor j und v
ein v am Anfang eines Wortes
ein g vor einem j
ein d ist stumm, wenn es am Ende eines Wortes steht.

Ein paar wichtige Wörter und Ausdrücke:

Hallo: *Hallo*
Auf Wiedersehen: *Ha det*
Bitte: *Venligst ou vær så snill*
Danke: *Takk*
Entschuldigen Sie: *Unnskyld meg*
Willkommen: *Velkommen*
Nein, danke: *Nei, takk*
Ja/Nein: *Ja/Nei*
Keine Ursache/bitte: *Vær så god*
Guten Tag: *God dag*
Ich heiße ...: *Jeg heter ...*
Ich verstehe/ich verstehe nicht: *Jeg for står/Jeg for står ikke*
Ich möchte nach ...: *Jeg vil gå til ...*
Links/rechts: *venstre/høyre*
Ich habe mich verlaufen: *Jeg er tapt*
Was kostet das?: *Hvor mye?*
Ich schaue mich nur um: *Jeg er bare ute*
Wo ist ...?: *Hvor er ...?*
Wie spät ist es?: *Hva er klokken?*
Das war köstlich!: *Det war deli!*
Ich bin Allergiker: *Jeg er allergiker*
Wo ist das Krankenhaus?: *Hvor er sykehuset?*
Wo sind die Toiletten?: *Hvor er toaletter?*

So weit dieser kleine Überblick für die begeisterten Linguisten unter euch! Anders gesagt, wir empfehlen euch wärmstens, euch von Beginn an aufs Englische zu verlegen, damit spart ihr eine Menge Zeit, zumal fast alle Norweger fließend Englisch sprechen.

Checkliste für den Roadtrip

Vor der Abfahrt

- ☐ eine Route erstellen (mit den Orten, die man unbedingt sehen möchte)
- ☐ sich Park4night runterladen
- ☐ sich Playlists zusammenstellen
- ☐ sich über empfohlene Impfungen informieren
- ☐ ebenso für mitreisende Haustiere
- ☐ Benzin/-Ölstand überprüfen
- ☐ den Reifendruck überprüfen
- ☐ Scheinwerfer und Blinker überprüfen

Dokumente

- ☐ Personalausweis (und Visa, falls nötig)
- ☐ Führerschein
- ☐ Fahrzeugschein
- ☐ Versicherungspolice
- ☐ Bedienungsanleitung für das Fahrzeug
- ☐ Europäische Krankenversicherungskarte
- ☐ Reservierung für Fähren
- ☐ Giro-Karte

Rund ums Auto

- ☐ Landkarten und/oder GPS
- ☐ einen tadellosen Reservereifen
- ☐ ein Pannenset für den Notfall
- ☐ eine Taschenlampe
- ☐ einen Eiskratzer für die Windschutzscheibe
- ☐ Sonnenblenden (für alle Scheiben und die Windschutzscheibe)
- ☐ kleine Werkzeugkiste

Für den Campingalltag

- ☐ Daunendecken oder Steppdecken oder beides (je nach Jahreszeit)
- ☐ Kopfkissen
- ☐ Wolldecke
- ☐ Solardusche
- ☐ Coffee Dripper, Espressokanne/Wasserkocher/Becher (Emaille und Thermo)
- ☐ Kleinen Gaskocher
- ☐ Geschirr, Camping-Geschirr aus Aluminium
- ☐ Kulturtasche
- ☐ Erste-Hilfe-Set/Reiseapotheke
- ☐ Kleinen Block und Stift
- ☐ Sonnenbrille und Brillentücher
- ☐ Sonnencreme
- ☐ Mittel gegen Mücken
- ☐ Erfrischungstücher und Trockenshampoo
- ☐ Klopapier
- ☐ Müllsäcke
- ☐ Taschentücher
- ☐ Handfeger
- ☐ Feuerzeug

- ☐ Wäscheleine
- ☐ Schweizermesser
- ☐ wiederverwendbare Flaschen
- ☐ Gitterrost (für die Dusche)
- ☐ Flipflops (auch für die Dusche)
- ☐ Klapptisch und -stühle
- ☐ Kartenspiel
- ☐ Schlafmasken und Ohrstöpsel
- ☐ Regenschirm
- ☐ kleine Schaufel
- ☐ Netz für Gemüse
- ☐ Einkaufstasche
- ☐ Käse und Wurst!

Für Outdoor-Aktivitäten

- ☐ Wanderschuhe oder/und Laufschuhe
- ☐ Allround-Jacke und Regenjacke
- ☐ dünne Daunenjacke
- ☐ Funktionsunterwäsche (für den Zwiebellook)
- ☐ Wanderhose
- ☐ Badehose/Badeanzug oder Bikini (eventuell zusätzlich einen Neoprenanzug)
- ☐ Trinkflasche
- ☐ Rucksack
- ☐ Stirnlampe
- ☐ Hängematte und/oder *Lamzac*
- ☐ Ausrüstung zum Skifahren/Surfen/Tauchen/Angeln
- ☐ SUP-Board/Kanu/Kajak

Technische Geräte

- ☐ Smartphone
- ☐ Fotoapparat/Objektive/wasserdichte Hülle
- ☐ Dashcam
- ☐ SD-Karten
- ☐ Stativ
- ☐ Laptop
- ☐ Tablet
- ☐ Festplatte
- ☐ sämtliche Kabel/Ladekabel/Mehrfachsteckdosen
- ☐ Reisebatterie
- ☐ E-Book-Reader

Unterwegs

- ☐ immer etwas Bargeld dabei haben
- ☐ immer ein Auge auf den Benzinstand haben
- ☐ sich rechtzeitig einen Nightspot suchen
- ☐ vorsichtig fahren
- ☐ ohrenbetäubend singen
- ☐ sich verantwortungsbewusst benehmen
- ☐ die Landschaft genießen

Gute Reise und gute Fahrt!

Die Südküste

Zwischen Land und Meer

Nachdem die Wahl auf uns gefallen war, sind wir vor über einem Monat nach Frankreich zurückgekehrt, um diese Rundreise vorzubereiten, uns erwartet ein spannendes Abenteuer voller Herausforderungen.

Der Van ist beladen, wir konnten alles problemlos verstauen, haben unsere Route ausgetüftelt, noch ein paar Treffen vereinbart, und unsere Playlists reichen für viele Stunden Fahrt. Ja, wir haben uns sogar die Zeit genommen, noch einige norwegische Höflichkeitsfloskeln zu lernen, um in Norwegen einen guten Eindruck zu machen. *Drive Your Adventure* kann also beginnen.

Nachdem wir am französischen Sitz von Mercedes Benz, unserem Partner, mit großem Pomp verabschiedet wurden, sind wir erst mal ein paar Tage gefahren und haben nur kurze Pausen eingelegt, sodass wir relativ schnell in Hirtshals waren. Endlich zeichnen sich die Küsten der skandinavischen Halbinsel am Horizont ab.

Wir können unser Glück kaum fassen, wir sind tatsächlich da! Norwegen, wir kommen!

ightspot
deneshavn
tavanger
Flekkefjord
Nightspot
Lindesnes
Mandal
Nightspot
Kristiansand

Kristiansand

Es gibt mehrere Möglichkeiten, nach Norwegen zu gelangen, man kann die Fähre nehmen oder aber den Landweg über Schweden. Am effizientesten ist es jedoch (in puncto Entfernung, Zeit, Kosten), die Fähre ab Hirtshals zu nehmen, dem ganz in Norden Dänemarks liegenden Fährhafen, bis nach Kristiansand, ganz im Süden Norwegens. (Näheres dazu unter www.nordlandblog.de/an-nach-norwegen-wie/, da gibt es viele wertvolle Tipps von erfahrenen Norwegen-Reisenden, auch zur rechtzeitigen Reservierung der Fährpassage.)

Kristiansand ist nicht nur ein idealer Ausgangspunkt für eine Rundreise durch das Land, sondern auch ein hübsches Städtchen mit einem schmucken Zentrum und einer lohnenswerten Haupteinkaufsstraße, der Markens Gate, einer Fußgängerzone. Wir streifen also eine Weile durch die Stadt, auch weil wir ein neues Ladegerät für unseren Laptop brauchen, da unseres auf der Fahrt gerade den Geist aufgegeben hat. Dabei stellen wir fest, dass es kein bloßes Gerücht ist: Norwegen ist wirklich teuer! Und wo wir schon mal beim Thema sind: Wir können euch nur raten, möglichst alles, was ihr benötigt (so weit sich das voraussehen lässt), vor eurer Reise einzukaufen.

Kristiansand hat eine angenehme Größe, man kann dort wunderbar bummeln. Wir haben zwar nicht die Zeit, uns länger umzusehen, aber die Stadt hat durchaus Charme und einiges zu bieten.

Wenn man eine Weile sucht, findet man dort sogar ein ungestörtes Plätzchen für die Nacht.

The Keys – Talisco

Lieblingsorte

Bar/Restaurant du Teateret

Kongens gate 2,
4610 Kristiansand

Dieses im Erdgeschoss des gleichnamigen Veranstaltungszentrums liegende Lokal, eine Mischung aus Bar, Café und Restaurant, hat durchgehend geöffnet. Das Ambiente ist modern, es herrscht eine angenehm gedämpfte und dabei gesellige Atmosphäre. Der ideale Ort, um an einem Regennachmittag ein wenig zu arbeiten oder zu entspannen.

Cafe Generalen

Ravnedalsveien 34,
4616 Kristiansand S

Dieses versteckt inmitten des Ravnedalen-Parks gelegene Gartenlokal ist vor allem bekannt für seine Waffeln und seine Burger. Es bietet eine abwechslungsreiche Karte an (auch Vegetarier kommen hier auf ihre Kosten). Wir lieben seine Lage im Grünen – nur wenige Van-Minuten vom Stadtzentrum entfernt – und die Konzerte, die es an jedem Wochenende im Sommer gibt!

Nightspot

58°09'59.93" N | 8°04'57.53" E

Hånesbukta

Ihr seid am späten Nachmittag in Kristiansand eingetroffen und sucht einen Platz für die Nacht? Kein Problem! Nur wenige Kilometer vom Stadtzentrum entfernt gibt es eine Marina, in der kleinen Bucht von Hånesbukta. Das ist zwar nicht das Paradies schlechthin, aber ein hübscher, ruhiger Ort, der sogar über Toiletten verfügt. Sehr praktisch!

Mandal & Lillebanken

Endlich winkt die große Freiheit! Jahrelang war es unser Traum, dieses Land zu bereisen, wochenlang haben wir uns darauf vorbereitet, und nun sind wir einfach nur noch happy, endlich *on the road* zu sein. Hier kann *Lagertha* ihr volles Potenzial entfalten! Ja, wir haben unseren Van Lagertha getauft, dieser Vorname dürfte allen Fans der Fernsehserie *Vikings* ein Begriff sein (wir gehören definitiv dazu), oder auch Fans von skandinavischen Sagen des 9. Jahrhunderts (ein hochspannendes, unterschätztes Thema!). Es handelt sich dabei um den Namen einer berühmten nordischen Kriegerin aus dieser Zeit.

Schon nach den ersten Kurven spüren wir, dass wir an einem anderen Ort sind. Alles scheint anders, alles ist anders: Die Verkehrsschilder, die Bäume, das Auf und Ab der Landschaft, die Gebäude ... Mit jedem Kilometer, den wir zurücklegen, empfinden wir mehr und mehr, dass wir unsere vertraute Umgebung hinter uns gelassen haben, und uns auf unbekanntem Terrain bewegen. Jetzt beginnt das eigentliche Abenteuer, endlich geht es richtig los.
Entgegen aller Erwartung, zumindest unserer, erlebt Norwegen einen ungewohnt heißen und sonnigen Monat Juli, und auch wenn es ein echtes Vergnügen ist, über die norwegischen Straßen zu fahren, wäre es doch schade, dieses sommerliche Intermezzo nicht zu nutzen, denn wer weiß, wie lange das gute Wetter anhält. Entsprechend legen wir nach einer guten Stunde Fahrt in der Nähe von Mandal unsere erste Pause ein, parken Lagertha im Schatten und erkunden die Strände vor Ort.

So landen wir erst am Strand von Lillebanken und von dort aus an der Küste der Halbinsel Torkelshola, die uns an manchen Stellen an die Provence erinnert, an anderen an Korsika oder die Landes. Das Wasser ist türkisfarben, die Wege sind angenehm schattig. Wir fühlen uns auf Anhieb wie im Urlaub, unsere Reise hat also wirklich begonnen!

Let's go – Frou Frou

Lindesnes Fyr

Wir von *Roammates* haben es uns zur Gewohnheit gemacht, das Gegenteil von dem zu tun, was die meisten tun, und um das Nordkap wird ein solcher Hype betrieben. Dementsprechend dachten wir, wie wär's, wenn wir uns stattdessen mal das »Südkap« anschauen, genauer den Leuchtturm von Lindesnes, den ältesten Leuchtturm Norwegens, gebaut 1655? Unsere Idee ist, das Land bis in die hinterletzte Ecke zu erkunden, da erscheint es nur naheliegend, bei der Südspitze zu beginnen. Zumal das einfach ein wunderbarer Ort ist.

Der ein paar dutzend Meter über dem Meeresspiegel oberhalb der Seepassage zwischen Dänemark und Norwegen liegende Leuchtturm von Lindesnes (*Lindesnes fyr* auf Norwegisch) ist der letzte Leuchtturm, der noch einen Leuchtturmwärter hat, alle anderen werden inzwischen automatisch betrieben. Das ist ziemlich erstaunlich und Grund genug dafür, mal an die Tür des Leuchtturmwärters zu klopfen. Dort treffen wir auf Frank Otto Røiseland, einen der beiden (sie wechseln sich alle vierzehn Tage ab), die den Ort instand halten, meteorologische Daten sammeln etc., und womöglich der Einzige, der seinen Spaß hat (so erzählt er es uns zumindest), wenn 25 Meter hohe Wellen gegen das Dach seines Turms schlagen, und der gerne unbedarfte Fragen von Touristen wie uns beantwortet.

Frank erzählt uns, wie er Leuchtturmwärter geworden ist, denn es gibt kaum noch spezialisierte Schulen dafür. Als gelernter Zimmermann, und da er Lust hatte auf Veränderung, hat er sich für den Posten beworben und ist hierher gezogen, um ganz allein am Fuße eines Leuchtturms auf einem Felsen zu wohnen. Dieser Ort ist, wie es scheint, wie gemacht für diesen Naturliebhaber, der gerne auf die Jagd und zum Angeln geht. Seine Frau und sein Sohn wohnen in einem Nachbarort.

So plaudern wir also, und aus den wenigen Minuten, die Frank sich ursprünglich für uns Zeit nehmen wollte, wird schnell eine Stunde. Dabei sitzen wir in der Sonne auf den Stufen seines Hauses, bis wir uns dann wieder auf den Weg machen müssen und er seinen Beschäftigungen nachgehen muss. Eine erste schöne Begegnung, der hoffentlich viele weitere folgen!

Nightspot

58° 17' 29.512" N | 6° 26' 15.604" E

Ana Sira

Die Suche nach einem idealen Schlafplatz nimmt einen ziemlich großen Raum im Vanlife ein. Eine nette Ecke unter Bäumen, ab und an ein hübscher Campingplatz oder eben, wie im Fall von Ana Sira, ein Parkplatz am Ende der Straße, am Ufer des Lundevatnet, von wo aus der Blick vom Landesinneren bis zum Meer reicht. Ruhig, wunderbar, auf ebenem Gelände, einfach ideal.

Das ist so ein Ort, den man am liebsten für sich allein hätte! Aber das Reisen im Van wäre nicht so bereichernd, wenn man nicht hier und da interessante Begegnungen machen würde. Als wir in Ana Sira morgens unsere Türen öffnen, steht zu unserer Überraschung neben uns der Marco Polo von Florencia, Thomas und An Luisa, eine nette kleine deutsch-französisch-uruguayische Familie, die auf dem Rückweg nach Berlin ist.

Wir kommen sofort ins Gespräch über das Leben im Van, über Must-Sees und wie man den perfekten Stellplatz findet. Am Ende tauschen wir dann noch Adressen aus. Nach dieser netten Begegnung kommen wir zu dem Schluss, dass wir öfter unsere Türen für andere offen stehen lassen sollten, zumindest so lange draußen keine Mückenfamilie wartet!

Southern Nights – Glen Campbell

Die Nightspots

Wie findet man seinen Schlafplatz?
Es ist machbar, klar (*Allemannsretten* sei dank!), aber hier wollen wir uns dem Thema mal etwas intensiver widmen: Wie also findet man seinen Schlafplatz?

Wir raten euch, so wie wir das in Ana Sira auch gemacht haben, euch einen trockenen, wenn möglich sogar asphaltierten Untergrund zu suchen, damit ihr nicht in Schieflage schlafen müsst oder euer Wagen im Matsch stecken bleibt. Und natürlich solltet ihr beim Frühstück einen schönen Ausblick genießen können. Hier ein paar Hilfsmittel, die euch bei eurer Suche von Nutzen sein können:

Google Map und Street View – um vorab aus der Luft, via Satellit, das Terrain zu sondieren.

GPS-Gerät für Wanderer – um sich sämtliche Wege und Parkplätze anzeigen zu lassen, die Ausgangspunkte für Wanderungen sind.

App Park4night – der Tripadvisor für Nightspots! Jeder kann dort etwas posten, seine Meinung, seinen Eindruck, seine Erfahrung hinterlassen und manchmal sogar ein Foto.

Soziale Netzwerke und Vanlife-Community – vor allem Instagram! Viele, die im Van unterwegs sind, teilen Bilder von ihren Geheimtipps mit den dazugehörigen GPS-Daten.

Neulingen raten wir, vor Einbruch der Dunkelheit einen Schlafplatz zu suchen. So könnt ihr notfalls noch umdrehen, wenn der Platz euch doch nicht gefällt oder wenn er schon besetzt oder gar überfüllt ist. Außerdem könnt ihr so die Zufahrt und das Gelände genau in Augenschein nehmen. Wenn ihr aber (so wie wir) mitten im Sommer in Norwegen unterwegs seid, dürfte Dunkelheit das geringste Problem für euch sein!

Route 44

Man kann nicht behaupten, dass es in Norwegen zig Optionen gibt, um von einem Ort zum anderen zu kommen. Einerseits weil Dörfer und Städte eher rar gesät sind, und andererseits wegen der Topografie des Landes, vor allem im Süden, wo sich ein Fjord oder See an den anderen reiht.

Dennoch haben wir, als wir zu Beginn unserer Reise Flekkefjord erreichen, die Wahl: Entweder wir fahren durchs Landesinnere nach Stavanger, das ist der kürzere Weg, oder über die Route 44 an der Küste entlang. Unsere Entscheidung ist schnell getroffen und zahlt sich ebenso schnell aus, und zwar aus zwei Gründen. Der erste Grund ist die Route selbst, denn die Route 44 führt durch absolut großartige Landschaften, man kommt förmlich aus dem Staunen nicht mehr heraus. Kurve folgt auf Kurve, man meint, auf dem Weg zu einem Hochplateau im Gebirge zu sein, die Vegetation wird immer karger, und dann, im nächsten Moment, sieht man das Meer! Man hat wirklich lange das Gefühl, auf einer Straße in den Bergen unterwegs zu sein, es ist kurvig, es ist eng, fehlt allein die Höhe.

Der zweite Grund sind die reizenden Orte, die man auf der Fahrt entdecken kann, wie zum Beispiel diese Minibuchten, die wir bei Sirevåg erkunden. Zwar sind sie nicht immer leicht zugänglich, da die meisten Straßen, die zum Meer herunterführen, privat sind. Aber ein netter Herr hat uns dennoch erlaubt, vor seinem Haus zu parken, um in den Felsen herumzukraxeln. Also, fragen kostet nichts!
Oder auch Hellestø-Strand, ein riesiger weißer Sandstrand, etwa 20 Kilometer von Stavanger

entfernt, ideal um ein erstes kleines Bad in den Wellen der Nordsee zu nehmen, klar, das Wasser ist kalt, und Quallen gibt es auch (und schon können wir ein weiteres Häkchen auf unserer *Bucket List* machen!).

Letzten Endes dauert die Fahrt etwas über drei Stunden, das heißt, man kann sich hier und da längere Pausen gönnen und dieses Land genießen, das immer wieder neue Überraschungen bereithält.

Daybreak – Overwerk

Stavanger und das Gladmat

Wir kommen abends in Stavanger an und beschließen, statt uns noch am selben Abend die Stadt anzusehen, lieber die Nacht auf einem kleinen Parkplatz zu verbringen, der ganz am Ende der Route 44 liegt, zehn Fußminuten vom Stadtzentrum entfernt. Es ist nicht gerade der lauschigste Platz, aber eben gut gelegen und relativ ruhig.

Am nächsten Morgen brechen wir am späten Vormittag in die Stadt auf. Die Straßen sind brechend voll. He, sind die etwa alle wegen uns da?! Nein, viel besser: Dies ist der erste Tag von *Gladmat*, einem Foodfestival, das jedes Jahr stattfindet. Es gibt Dutzende von Ständen mit lokalen Produkten wie Wild, Fisch, Obst und Gemüse, Spezialitäten aus Norwegen, aber auch aus Äthiopien, Indien, Belgien etc. Oh nein, das müssen wir unbedingt alles probieren!

Fast jeder Passant hält einen Teller in der Hand, es duftet abwechselnd nach Frittiertem und Gegrilltem, und auf unserem Weg vorbei an den fröhlich bunten Häusern stärken wir uns nacheinander mit Naans, Waffeln und anderen Leckereien, eine köstlicher als die andere, nicht zu vergessen das Lervig-Bier, das von einer Mikrobrauerei aus der Stadt kommt.

Zugegeben, das ist kein Ausflug mit hoch kulturellem Anspruch, aber schließlich lernt man ein Land auch über seine Küche kennen. Woher kommen die beliebtesten Erzeugnisse? Welche Essgewohnheiten haben die Einheimischen? Wir lernen das direkt vor Ort, tauchen vollkommen ein in diesen Kosmos.

♫ *Daydream – The lovin' spoonfull*

Karmøy

Von Stavanger aus machen wir nicht kehrt, um den Boknafjord zu umrunden, sondern fahren weiter Richtung Norden und nehmen in Mortavika eine Fähre zur Insel Karmøy (gesprochen »karmöi«, mit Betonung auf der ersten Silbe), die größte der Provinz Rogaland. Dort wurde übrigens, das nur nebenbei, das Kupfer gewonnen, mit dem die Freiheitsstatue gebaut wurde. Reisen bildet, das steht mal fest!

Die Insel, die zu Zeiten der Wikinger eine bedeutende Rolle spielte, ist ein echtes Kleinod, das man nicht versäumen sollte. Schmale Straßen schlängeln sich durch Wiesen hindurch, ziehen sich kilometerweit an der Küste entlang und führen uns zunächst einmal in den kleinen Ort Skudeneshavn – der Name ist ein echter Zungenbrecher – an der Südspitze der Insel, bekannt für seinen fast vollständig erhaltenen Ortskern.

Wir verlieben uns auf Anhieb in diesen Ort! Er ist eine Oase der Ruhe, die alten Fischer- und Bootshäuser sind wunderbar instand gesetzt worden, man hat fast das Gefühl, durch eine Filmkulisse zu laufen. Im Übrigen ist die Stadt übers Jahr verteilt Schauplatz von mehreren Festivals, sie ist ein echtes Must-see und hat dabei nichts von ihrer Authentizität verloren ...

Wash Away – Joe Purdy

Nightspot

59° 13' 58" N | 5° 11' 8" E

Karmøy

Bisher haben wir unsere Nightspots eher nach praktischen Gesichtspunkten ausgesucht, sie lagen in der Nähe der Stadt, die wir besichtigen wollten, oder am Rande unseres Weges. Auf Karmøy hingegen finden wir einen wahrhaft paradiesischen Platz zum Übernachten. Das ist der erste Ort, der uns so richtig umhaut, da passt einfach alles, ein echter Glücksfall.

Zwischen Ferkinstad und Åkrehamn fahren wir nun von der Route 47 in Richtung Küste ab. Am Ende eines Feldwegs kommen wir zu einem fast 200 Meter langen Parkplatz direkt oberhalb eines weißen Sandstrandes.

Allein (oder zumindest fast allein) genießen wir den Sonnenuntergang und hören dabei das Geräusch der Wellen, die sich nur wenige Meter vor Lagerthas Reifen brechen. Wir sind selig!

Warum das Reisen und Übernachten in einem rollenden Zuhause so toll ist!

- Man hat immer das Zimmer in der besten Lage.
- Man schläft ein und erwacht mitten in der freien Natur.
- Man schläft ein und erwacht begleitet von den Geräuschen der Natur und in ihrem Rhythmus.
- Man betritt jeden Morgen einen neuen Garten.
- Man hat immer alles, was man braucht, in Reichweite.
- Haustiere sind hier immer willkommen.
- Man gehört immer zu den Ersten, die morgens auf der Straße sind.
- Man kann nach seinem Aperitif oder einem etwas weinseligeren Essen direkt ins Bett fallen.

Wilder Osten

Oslo und Umgebung

Man kann von Hirtshals (Dänemark) aus gut mit der Fähre nach Kristiansand fahren, das ist weder zu kostspielig (die Überfahrt in der Hochsaison kostet etwa 300 €), noch sehr zeitaufwendig (die Fahrt dauert 3 ¼ Stunden), aber es gibt natürlich auch noch andere Möglichkeiten.

So kann man von Hirtshals aus auch nach Larvik fahren, 100 Kilometer südlich von Oslo gelegen, die Überfahrt dauert länger, und die Tickets sind entsprechend teurer.

Oder man entscheidet sich für den Landweg über Kopenhagen und Schweden und passiert die Landesgrenze im Südosten des Landes, oder man nimmt ab Kiel direkt eine Fähre nach Oslo. Auf allen diesen Wegen kommt man schnell in die norwegische Hauptstadt, wenn man das möchte.
Wir haben diese Fahrt über Oslo und den Südosten Norwegens am Ende unserer Reise gemacht, die Region bildete den Abschluss der Rundstrecke, die wir vorab geplant hatten.

Aber natürlich haben nicht alle die Möglichkeit, sich zwei Monate frei zu nehmen, um sich auch noch den Norden Norwegens anzuschauen. Darum haben wir beschlossen, den südöstlichen Landesteil, den man relativ schnell erreichen kann, möglichst frühzeitig in unserem Buch zu behandeln.

Nightspot
Lillehammer
Nightspot
Oslo
Morgedal
Heddal
Dalen
Grimstad
Lillesand
Kristiansand

Oslo

♫ *Down the road – C2C*

Auch wer bei Reisen mit dem Van nicht unbedingt an urbane Gebiete denkt, Oslo sollte man nicht versäumen. Es ist eine Hauptstadt von einer angenehmen Größe, mit »nur« gut 600.000 Einwohnern. Sie ist in fünfzehn Verwaltungsbezirke und siebzehn Stadtviertel aufgeteilt, plus den Innenstadtbereich Sentrum und den Außenbezirk Marka.

Unser Lieblingsviertel ist Grünerløkka. Dort parken wir unseren Van, um einen Spaziergang durch die Stadt zu machen. Zwar kosten die Parkplätze Gebühren, aber immerhin gibt es welche! Grünerløkka ist das alternativ angehauchte Hipster-Viertel von Oslo. Natürlich kommen wir gerade rechtzeitig zur Eröffnung eines Foodfestivals, wie sollte es anders sein! Aber auch ohne Festival gibt es hier eine Menge zu sehen.

Von Grünerløkka aus kommt man sehr gut ins eigentliche Zentrum, vor allem Dank der vielen Trams, die durch die ganze Stadt fahren, zum Beispiel ins Viertel Aker Brygge. Die ehemaligen Werft-Werkshallen aus rotem Backstein wurden renoviert und beherbergen heute Restaurants und ein Einkaufscenter. Dort findet ihr auch das Nobel Peace Center und das Astrup Fearnley-Museum für moderne Kunst.

Wer eher die Ruhe sucht, kann im Van, mit der Fähre oder dem Bus zur Halbinsel Bygdøy herüberfahren. Dort gibt es diverse Museen, wie zum Beispiel das Vikingskipshuset, das den Wikingerschiffen, den *Drakkars*, gewidmet ist, oder auch das Norsk Folke Museum mit der rekonstruierten hölzernen Stabkirche und den traditionellen Holzhäusern. In Oslo ist für jeden Geschmack etwas dabei.

Nightspot

59° 58' 14.484" N | 10° 44' 2.374" E

Oslo

Je näher man an einer Stadt ist, desto schwieriger gestaltet sich die Suche nach einem lauschigen Nightspot. Nachdem wir einen Tag durch Oslo gelaufen sind, und zwar im strömenden Regen, haben wir auch nicht wirklich Lust, noch stundenlang durch die Gegend zu kurven auf der Suche nach einem idyllischen Stellplatz. Zum Glück ist der Parkplatz am Sognsvann-See nicht nur eben, sondern auch riesig. Dort finden wir ohne große Probleme ein ruhiges Plätzchen.

Angesichts der fast sintflutartigen Niederschläge an diesem Tag Anfang September (es wird sogar von Überschwemmungen im Süden des Landes berichtet), bietet es sich an, in Lagerthas gemütlichem Innenraum, schön im Warmem, einen Lektüre- und Filmabend einzulegen.

Grimstad & Lillesand

Von Oslo aus kann man eine sehr hübsche Rundtour in den Südosten unternehmen.

Man verlässt die Hauptstadt über die E18, fährt an der Küste entlang Richtung Westen und legt hier und da einen kleinen Stopp ein, um ein bisschen die Füße ins Wasser zu halten, falls es dafür warm genug ist. Bei uns ist das nicht der Fall, denn Mitte September hat in Norwegen bereits der Herbst eingesetzt. Unsere Bade-Nachmittage sind bereits lange passé!

Aber diese Strecke hat auch noch andere Reize zu bieten, wie zum Beispiel die beiden Orte Grimstad und Lillesand mit ihren Häfen und schmucken weißen Holzhäuschen, kleinen Läden, Cafés und Restaurants. Zwei hübsche Städtchen, die sich zum Flanieren anbieten, und in denen man wunderbar ein Eis essen könnte, wenn es denn warm genug wäre.

Dieses erste Teilstück führt direkt nach Kristiansand. Dort kann man sich in einer kleinen Marina ein Plätzchen für die Nacht suchen (sie dürfte euch bekannt vorkommen, siehe Seite 30), bevor es dann weiter Richtung Norden geht.

♫ *Don't let it pass – Junip*

KafeStrandHaven
Kafe
StrandHaven

Die Route 9

Nachdem wir die Küste zwischen Oslo und Kristiansand entlanggefahren sind, fühlen wir uns auf der Route 9 wie in einer anderen Welt, es ist ein totaler Kontrast zu der eher sommerlichen Stimmung (zumindest für jene, die das Glück haben, die Sonne aufblitzen zu sehen!) der zuvor besuchten Städte an der Küste.

Die Landschaft entlang der Route 9 ist eine vollkommen andere, man ist versucht zu sagen, sie ist typisch kanadisch. Dichte Wälder, Nadelbäume, Berge, Seen, da ist alles dabei!

Aber die Route 9 ist vor allem dafür bekannt, dass dort am Wegesrand zahlreiche Holzhäuschen mit Grasdach stehen. Das ist eine ziemlich simple Idee, man bedeckt das Dach einfach mit einer Schicht Erde, auf der wachsen dann Moose, Stauden und manchmal sogar kleine Bäume. Mal abgesehen davon, dass diese Art der Begrünung eine gute Isolierung darstellt, gibt das

begrünte Dach den Häusern und Bushaltestellen einen fast märchenhaften Charakter (auch wenn Bushaltestellen in Märchen, wenn überhaupt, eine eher untergeordnete Rolle spielen). Die Frage ist, ob man den Dachdecker oder den Gärtner rufen muss, wenn es durchregnet, aber wir schweifen ab ...

Apropos abschweifen, für alle die im Campervan gerne vom Weg abkommen, die Routen FV304 und FV323 rund um den Byglandsfjord und den Åraksfjord auf der anderen Seite sind zwar schmaler als die Route 9, aber noch schöner! Doch zurück zur Route 9, von dort biegt man auf die 45 ab, die Nacht kann man bei Dalen verbringen oder in dem erstklassigen Hotel von Dalen, wenn man das nötige Kleingeld hat. Wenn nicht, stellt man sich einfach einmal vor die Fassade für ein hübsches Foto, bevor man dann brav zum Campingplatz fährt, das ist auch nicht das Schlechteste!

Hedwig's Theme – John Williams

Lieblingsorte

Hotel Dalen

Hotellvegen 33, 3880 Dalen

Erstklassig, ganz im Stil von Wes Anderson!

Buøy Camping

Buøyvegen 26, 3880 Dalen

Mitten in der Natur gelegen und sehr sauber.
Aber denkt daran, Keile mitzunehmen.

Wo kann man sich mit Wasser versorgen? Wo seine Tanks füllen und entleeren?

Seinen Trinkwassertank kann man an vielen Stellen auffüllen (Campingplätze, Tankstellen, Wohnmobilstellplätze, Raststätten, in Parks, bei Hafenmeistereien, bei Privatleuten etc.), für das Ausleeren muss man jedoch extra dafür vorgesehene Plätze finden, damit das Schmutzwasser in die Kanalisation gelangen und wieder aufbereitet werden kann.
Diese Stellen findet man übers Land verteilt, mal auf Campingplätzen, mal an Tankstellen oder Rastplätzen von Autobahnen. Die meisten Gemeinden haben sogar ihre eigenen Service-Stationen für Schwertransporter und Wohnmobile. Also, kein Problem! Auch technisch ist das eigentlich unkompliziert, selbst wenn jedes Modell sein eigenes System hat. Bei Lagertha zum Beispiel ist die Klappe zum Auffüllen des Tanks (mit Hilfe eines Schlauchs oder Kanisters) von außen zu öffnen, und das Ventil zum Ablassen des Nutzwassers (an der Unterseite des Fahrzeugs) befindet sich in einem Schrank im Inneren.

Von Dalen nach Oslo

Genau wie die Route 9 führt auch diese Strecke durch Wälder und Berge, Landschaften, die spektakuläre Ausblicke bieten, und zwar egal, welches Wetter gerade herrscht. Wie zum Beispiel sturzbachartiger Regen im Wechsel mit Nieselregen. Lagertha beeindruckt das nicht weiter.

Zunächst geht es bis nach Eidsborg mit seiner zwar winzigen, aber wunderbaren hölzernen Stabkirche, eine der besterhaltenen ihrer Art in ganz Norwegen. Es herrscht eine ganz besondere Atmosphäre an diesem abgelegenen Ort, im strömenden Regen. Die Kirche aus dem 13. Jahrhundert ist von einem Friedhof umgeben, der scheinbar aus der gleichen Zeit stammt.

Weiter geht es bis nach Morgedal, der Stadt aus der Sondre Norheim stammt, der Mitte des 19. Jahrhunderts den modernen Skisport erfunden hat, also das Skifahren als sportliche Dis-

ziplin. Aber auch seine Ahnen wussten sich schon zu helfen, als sie nach einer Möglichkeit suchten, durch den Schnee zu kommen: Die ältesten Skier, die man je gefunden hat, sollen 4000 Jahre alt sein.

Dementsprechend kann man in Morgedal das Skimuseum besuchen, in dem die Wiege des modernen Skisports steht, und zwar im wahrsten Sinne des Wortes, das ist kein Scherz. Am Eingang des Museums steht ein Ski ... in einer Wiege. Der norwegische Humor ist eben sehr direkt.

Da wir den Ski nicht bei seinem Mittagsschläfchen stören wollen, setzen wir unseren Weg fort bis zur Holzkirche von Heddal. Sie ist zwar nicht so idyllisch gelegen wie ihr Pendant in Eidsborg, aber dafür deutlich imposanter. Kein Wunder, denn hier handelt es sich um nichts Geringeres als die größte Kirche des Landes.

Von Heddal aus erreicht man in zwei Stunden Oslo, und da schließt sich der Kreis dann wieder!

Black Hole Sun – Ramin Djawadi

wevan
Drive your Adventure
EP·194·TG

Lillehammer

♫ *Hallelujah – Jeff Buckley*

Norwegen und Wintersport werden oft in einem Atemzug genannt, denn obwohl das Land nur 4,5 Millionen Einwohner hat, hat es bei den olympischen Winterspielen die meisten Medaillen auf seinem Medaillenkonto verbuchen können.

Das Thema ist also kaum zu umgehen, erst recht nicht, wenn unter den Reisenden eine ehemalige Eiskunstläuferin und ein begeisterten Skifahrer sind. Und eine Katze, die ab und zu durch Schnee läuft. Der Besuch von Lillehammer gehörte insofern zum Pflichtprogramm.

Genau wie in Kristiansand beschränkt sich das sehenswerte Zentrum auf eine einzige Straße, und zwar die Storgata. Dort gibt es Bars, Cafés, Restaurants und Geschäfte, dort treffen sich abends die vielen Studenten, die hier wohnen. Aber uns interessieren weder Shoppingtouren noch irgendwelche Gelage, sondern die Skischanze.

Als wir am Fuße der Sprungschanze stehen, schießt uns ein ziemlich naheliegender Gedanke durch den Kopf: Man muss schon ein bisschen verrückt sein, um Skispringer zu werden! Die inzwischen erloschene olympische Flamme weckt bei Clémence so einige Erinnerungen, denn die Olympiade in Lillehammer 1994 war die erste, die sie im Fernsehen verfolgt hat. Ach, hätten wir doch nur ein Feuerzeug dabei!

Nach diesem hochemotionalen Besuch brauchen wir einen kleinen Muntermacher. Um ehrlich zu sein, war uns zu Ohren gekommen, dass die Cocktails der Toppen Skibar ausgezeichnet sein sollen. Nachdem wir das vor Ort überprüft haben, können wir uns dieser Aussage nur anschließen, und wie jedes Mal, wenn wir uns mal irgendwo einen Drink genehmigen, achten wir natürlich darauf, es nicht zu übertreiben.

Lieblingsorte

Toppen Skybar

Elvegata 12, 2609 Lillehammer

Wunderbare Cocktails und ein unvergleichlicher Panoramablick über die Stadt!

Ausritt: Venabustallen

Wie Kater Nel schon so treffend sagte, endet der norwegische Sommer etwa Mitte August. Als wir den Südosten des Landes durchqueren, leuchtet die Landschaft tatsächlich schon in goldbraunen Herbsttönen. Diese Farbenpracht lässt sich am besten bei einem kleinen Ausritt genießen!

Wir haben Glück, eine gute Autostunde nördlich von Lillehammer befindet sich das Fjellhotel, das über eigene Reitställe verfügt. Wir melden uns nicht extra an, sondern tauchen dort mehr oder minder spontan am späten Nachmittag auf und werden dennoch sehr nett empfangen. Es dauert nicht lange, und wir haben einen Ausritt für den nächsten Morgen vereinbart.
Gegen zehn Uhr erscheinen wir im Hotel, dort erwarten uns Ingrid und Kristine, zwei Studierende, die den Sommer über im Reitstall arbeiten. Sie führen uns zu unseren Reitpferden.

Es sind Pferde einer lokalen Rasse, *Dølahest* (Dölepferde), sie kommen aus dem Gudbrandsdal und sind von beeindruckender Statur: Eines von beiden, Trun, wiegt fast eine Tonne! Na ratet mal, wer diesen Gaul wohl reiten wird ... Übrigens verfolgt Trun nebenher noch eine Karriere als Schauspieler am Theater in Røros, wo er – ihr habt es erfasst – regelmäßig ein anderes Pferd spielt! Diese tapfere Pferderasse, die fast ausgestorben wäre, wurde früher vor allem auf dem Feld eingesetzt, bis die Arbeitstiere durch Traktoren ersetzt wurden. Sie sind ideal für längere Ausritte geeignet, da sie sehr geduldig sind und keine Anstrengung scheuen. Auf den Rücken von Trun und Lucas durchstreifen wir also die Gegend, reiten entlang der Schlucht von Dørjuvet und der Wasserfälle von Dørfallet, um dann zu unserem Ausgangspunkt zurückzukehren. Die in Grün-, Ocker- und Rottönen eingefärbte Landschaft ist eine echte Augenweide.

Mit 20 Kilometern in vier Stunden bleiben wir zwar weit unter Lagerthas Durchschnittsgeschwindigkeit, aber das ist kein schlechter Schnitt.

♫ *There Was a Time – Mandolin Orange*

Lieblingsorte

Venabustallen

Rondevegen 860,
2632 Venabygd

Der Reitstall vom Hotel Venabu Fjellhotel bietet nette Ausritte an (für jedes Niveau, von einer Stunde bis fünf Tagen) im Rondane-Nationalpark.

Nightspot

61° 39' 2.268" N | 10° 7' 17.4576" E

Venabygd

Das Personal vom Venabu-Hotel war unglaublich freundlich zu uns, aber wir haben uns dann doch nicht getraut zu fragen, ob wir die Nacht in ihrem prächtigen Etablissement verbringen können. Dementsprechend müssen wir noch ein Plätzchen für die Nacht finden. Das stellt jedoch keinerlei Problem dar, denn die Gegend ist mehr oder minder menschenleer. Eine Schaf-Gang versucht mehr schlecht als recht uns einzuschüchtern, indem es unser Maskottchen um den Van herumjagt, aber Nel gibt ihnen gut Kontra.

Route 27

Da wir eh schon auf der Route 27 unterwegs sind, können wir sie eigentlich auch gleich weiterfahren. Durch die Fahrt zum Venabu-Hotel sind wir nämlich von der Hauptstraße abgefahren (der E6, die Oslo mit Kirkenes am anderen Ende des Landes verbindet).

Die erste gute Nachricht ist, rein logistisch und organisatorisch betrachtet, dass die Route 27 (dann 29) etwas weiter im Norden bei Dombås wieder auf die E6 trifft. Die zweite gute Nachricht ist – das Sahnehäubchen sozusagen –, dass besagte Straße, die Nasjonale Turistveger Rondane, an dem gleichnamigen Nationalpark entlangführt, durch Landschaften von schier atemberaubender Schönheit.

Vor allem wenn sie dann auch noch Herbstfärbung tragen. Die goldgelben Bergrücken leuchten um die Wette, trotz des permanent grauen Himmels, und ziehen leider viel zu schnell an unseren Augen vorüber. Ein solches Naturschauspiel haben wir an keinem anderen Ort unserer Reise gesehen.

Die Route 27 ist also nicht nur selbst eine Touristenattraktion, sondern auch ideal, um einen Ausflug in den Rondane-Nationalpark zu unternehmen, den ältesten des Landes, in dem genau zehn Berge die 2000er-Marke knacken (der höchste, der Rondslottet, ist sage und schreibe 2178 Meter hoch). Mit etwas Glück könnt ihr dort Rentiere, Lemminge und den einen oder anderen Vielfraß beobachten. Diese Gegend ist wirklich einen Besuch wert!

September Song – Agnes Obel

Der Südwesten

Von der Küste zur Passstraße

So haben wir nun also den Süden Norwegens durchquert, auf dem Hinweg aus westlicher Richtung und auf dem Rückweg aus östlicher. Mit den ersten beiden Kapiteln unseres Reiseberichts seid ihr gut gewappnet, um den Landstrich ganz nach Belieben zu erkunden.

Wir setzen unseren linearen Reisebericht indessen dort fort, wo wir ihn unterbrochen haben, auf der Insel Karmøy. Jetzt, so wird uns klar, bewegen wir uns zum ersten Mal auf unserer Reise von der Küste weg. Wir lassen das Meer also hinter uns, aber dafür kommen wir zu den Fjorden, für die Norwegen so berühmt ist.

Klar, da geht es weniger salzig zu, doch dafür wird es deutlich hügeliger!

Die Landschaft, die sich da jetzt vor unseren Reifen ausbreitet, ist von wilder Schönheit: Felsen, die zu Fjorden hin steil abfallen, Gletscher, Straßen, die über unendlich viele Pässe führen ... Genau so haben wir uns Norwegen vorgestellt. Das ist das Norwegen unserer Träume!

Nightspot
Tindevegen
Vik i Sogn
Nightspot
Aurlandsfjellet
Dale
Bergen
Nightspot
Nightspot 1
Vøringfossen
Nightspot
Odda
udeneshavn

Die Route 13

Es ist ein weiter Weg von der Insel Karmøy nach Odda und von dort aus Eidfjord. Darum wollen wir allen, die zur Hochsaison einen Roadtrip in Norwegen planen, einen guten Rat geben: Unterschätzt die Entfernungen nicht! Sie mögen auf den ersten Blick überschaubar wirken, aber wenn ihr auf engen Straßen unterwegs seid, auf denen euch Wohnmobile, Lastwagen und Busse entgegenkommen, wirkt sich das natürlich negativ auf eure Durchschnittsgeschwindigkeit aus.

Die Route 13 zwischen Odda und Eidfjord zum Beispiel ist zwar unglaublich schön, aber im Juli eben auch stark befahren. Also, übt euch in Geduld! Immerhin kann Clémence, wenn der Verkehr mal wieder ins Stocken gerät, ohne Ende aus dem Van heraus fotografieren. Alles hat auch seine guten Seiten.

Wir fahren am Hardangerfjord entlang, durch eine Region die auch als der »Obstgarten Norwegens« bekannt ist. Wir kommen an unzähligen Obstbäumen vorbei, je nach Saison kann man sogar Früchte am Straßenrand kaufen.

Als wir Eidfjord erreichen, befinden wir uns am Eingang zum Hardangervidda Nasjonalpark, ein Wort, das man nicht übersetzen kann. Eidfjord ist jedenfalls ein ausgezeichneter Ausgangspunkt für die Erkundung des Nationalparks, in der Nähe haben viele Wanderwege ihren Startpunkt. Wir haben Glück und finden am Straßenrand am Ufer des Simadalsfjord einen Schlafplatz. Ideal, um nach einer langen Fahrt zu entspannen.

Die kleinen Obststände von Hardangervidda

Auf unserem Weg durch die Fjordregion im Südwesten haben wir am Straßenrand in regelmäßigen Abständen kleine Obststände gesehen. Unser Rat: Haltet immer ein bisschen Kleingeld bereit! Warum?
Weil es schade wäre, diese sonnenverwöhnten Früchte nicht zu probieren. Im Sommer bestücken die Inhaber tatsächlich mehrmals am Tag ihre Stände mit frischem Obst, man bedient sich selbst und gibt das Geld in eine Kiste, es funktioniert also auf Vertrauensbasis!

Nightspot

60° 29' 31" N | 7° 7' 17" E

Eidfjord

Ein paar hundert Meter von Eidfjord entfernt liegt dieser Spot, direkt am Ufer des Simadalsvegen, zwischen der Straße und den Bäumen. Achtung, die Plätze hier sind begehrt, man kommt besser früh, damit man nicht allzu lange nach einem freien Platz suchen muss.

Vøringfossen

Bisher haben wir so einige Kilometer abgerissen, uns ein paar Städte angesehen, Leute getroffen ... Aber Kalorien haben wir dabei kaum verbrannt. Es ist höchste Zeit, das zu ändern!

Wir entschließen uns also, eine kleine Wanderung zu den Wasserfällen von Vøringsfossen zu unternehmen. Einerseits weil wir so viel Gutes darüber gehört haben, andererseits weil wir beide als ehemalige Leistungssportler mit Gelenkschmerzen zu kämpfen haben, und es deshalb langsam angehen müssen ...

Die Vøringsfossen-Wasserfälle am Rande des Hardangervidda Nasjonalpark erreicht man nach einem 45-minütigen Fußmarsch (für den Hin- und Rückweg sollte man also gut zwei Stunden einplanen, schließlich möchte man zwischendurch auch die Aussicht genießen).

Obwohl das Wetter gut ist, optimal zum Wandern, sind nur wenige Wanderer unterwegs. Nachdem wir vorsichtig und ohne größere Mühe ein paar Geröllfelder überwunden haben, stehen wir am Fuße des Wasserfalls, der eine Fallhöhe von 183 Metern hat. Man kann ihn sich übrigens auch von oben von einer Aussichtsplattform aus ansehen, die mit dem Auto erreichbar ist (Route 7). Aber es lohnt sich, diese kleine Kraftanstrengung auf sich zu nehmen, um ihn aus der Froschperspektive zu bewundern, inmitten der Natur, und so ein paar Gischtspritzer haben eine durchaus belebende Wirkung.

Ein Tipp zum Ausgangspunkt: Wenn man aus Eidfjord kommt, bei Storegjel, zwischen dem zweiten und dritten Tunnel, ist ein Parkplatz, von dem aus der Wanderweg losgeht, dort gibt es auch Toiletten.

Riptide – Vance Joy

Nightspot

60° 24' 55" N | 6° 31' 34" E

Utne

Nach diesem ersten »sportlichen« Ausflug unserer Rundfahrt ist es an der Zeit, umzudrehen und die nächste Fähre zu nehmen, von Kinsarvik nach Utne (ca. 17 €), und von dort aus in Richtung Jondal zu fahren (Route 550). Auch da erwarten uns hinter fast jeder Kurve spektakuläre Ausblicke. Bei Gegenverkehr wird es zwar eng, aber dafür ist hier auch sehr viel weniger los. Da macht es Spaß, immer weiterzufahren!

Entlang dieser Straße finden wir zufällig den richtigen Platz für einen heißen Nachmittag und die darauf folgende Nacht: zwischen Utne und Alsåker, auf der Höhe von Vines, eine weitläufige, asphaltierte Uferbefestigung. So können wir erneut mit Blick aufs Wasser schlafen.
Wir gönnen uns ein kleines Bad (im Vergleich zur Nordsee ist das Wasser erstaunlich warm) und ein Sonnenbad auf den großen verwitterten Felsblöcken. So klingt ein rundum gelungener Tag aus. Für den kleinen Vitaminkick gibt es auf der anderen Straßenseite einen Obststand, an dem wir noch ein paar Schalen köstlicher Kirschen erwerben. Wie gesagt, diese Stände gibt es entlang dieser Route vor fast jedem Haus.

♫ *Kokomo – The Beach Boys*

Folgefonna & Fonna Glacier

Der Sommer in Norwegen ist einfach nur traumhaft. Man kann an einem Tag in den Wellen der Nordsee planschen, am nächsten mit einem mehr oder minder eleganten Köpper in einen Fjord springen und am Tag darauf auf Skiern eine Abfahrt auf einem der Gletscher im Süden des Landes herabfahren.
Und da ich nun einmal ein begeisterter Skifahrer bin (also ich, Thomas, euer treu ergebener Schreiberling), konnte ich dem Ruf des Berges nicht widerstehen. So kommt es also, dass wir uns mitten im Juli auf den Weg zum Fonna Glacier machen, an der Nordspitze des Folgefonna Nasjonalpark.

Dafür biegen wir in Jondal in Richtung Landesinnere ab und fahren auf die FV105. Von dort beginnen wir unsere Fahrt auf den Gletscher, und die hat es in sich! Kurve um Kurve windet die Straße sich nach oben, die Vegetation wird immer spärlicher, weicht nach und nach einer Steinlandschaft, in der hier und da ein See mit kristallklarem Wasser aufblitzt ... Es hat etwas von einer Mondlandschaft.

Die Straße kostet zwar Mautgebühren (100 NOK, also 11 €, für die Fahrt hoch zum »Skigebiet«), dafür ist das Parken aber gratis. Das kommt uns entgegen, da wir letztlich beschließen, unseren Skiausflug auf den nächsten Tag zu verschieben und dementsprechend die Nacht an diesem Berghang verbringen werden. Der Platz ist einfach ideal, die Sicht grandios.

Die Standheizung

Wenn es etwas gibt, womit man allen, die leicht frieren, oder generell Campern, die es in den Norden zieht, eine Freude machen kann, dann ist es eine Heizung.

Wir benötigen sie nur selten, da wir beide Frischluftfanatiker sind, besonders nachts. Aber wenn das Dach vom Marco Polo ausgefahren ist, dann kommt es schon zu einer (starken) Luftzirkulation. Und wenn man in Norwegen ist, dann ist diese Luft nun einmal kalt, sogar im Sommer.
Aber das ist kein Problem, denn die Standheizung des Marco Polo hat eine unglaubliche Power! Dafür muss man nicht den Motor des Van anstellen, sie läuft über einen zusätzlichen kleinen Motor, der außen angebracht ist und vom Benzintank gespeist wird. So wird dann warme Luft ins Wageninnere geblasen. Die Heizung springt schnell an und wärmt den Van in nur zehn Minuten auf. Ideal, wenn man es am Abend gerne warm haben möchte.

Man kann sie sogar über Nacht laufen lassen, denn sie ist leise, und bei niedrigem Benzinstand oder wenn die Batterie an ihre Grenzen kommt, schaltet sie sich automatisch ab. Also, die gute Nachricht an alle: Niemand muss in seinen Skiklamotten schlafen!

Nightspot

60° 13' 36.0" N | 6° 26' 01.4" E

Fonna Glacier

Wenn ihr ein ruhiges Plätzchen für die Nacht sucht, fahrt ihr am besten an der linken Parkplatzbegrenzung entlang bis zu der Stelle, an der es steinig wird. Von dort überblickt man das Tal und die Straße, die zum Skigebiet hochführt.

Irgendwann dann schließt der einzige Schlepplift, die letzten Touristen und das Personal verlassen nach und nach den Gletscher, das Hin und Her der Autos nimmt ab, bis es ganz aufhört, und wir sind endlich ganz allein, zum ersten Mal auf unserer Tour.

Es ist direkt kalt, jedenfalls so, dass es Sinn hat, mithilfe einer auf dem Parkplatz herumliegenden Palette ein Feuerchen zu entfachen. Dafür muss die Arme wohl oder übel brutal zerlegt werden, aber das ist jetzt nicht der Moment für falsche Sentimentalitäten!
Nachdem das Feuer erloschen ist, und wir es uns in Lagertha bequem gemacht haben, stellen wir die Standheizung an, als Ersatz für die Flammen und um es in unserem Nest auf Rädern wohlig warm zu haben. Nichts gegen Abenteurertum, aber der moderne Komfort hat doch auch seine guten Seiten.

♫ *Cornfield Chase – Hans Zimmer*

Am nächsten Tag dann wollen wir endlich einen Punkt auf unserer Bucket List abhaken können, der uns schon seit geraumer Zeit umtreibt: Skifahren im Juli! Wer keine Skiausrüstung dabei hat, sollte für Skipass und Ausrüstung 730 NOK (etwa 75 €) einplanen.
Dazu muss man sagen, dass nicht der gesamte Gletscher frei zugänglich ist, da große Teile (nebenbei gesagt die besten) an Clubs und Mannschaften verpachtet sind. So kommt es, dass ich meine erste Skipartie zusammen mit der deutschen Ski-Alpin-Mannschaft bestreite und einer Schar junger Athleten im Alter zwischen 12 bis 20 Jahren, die aus allen Ecken der Welt kommen, von Slowenien bis Québec. Das verspricht lustig zu werden!

Die Schneequalität ist nicht überall optimal, man muss sich darauf einstellen, dass der Schnee an einigen Stellen schwer und pappig ist, und an anderen in ausgedehnte blauschimmernde Eisflächen übergeht, da, wo der Gletscher freiliegt. Also Skianfänger aufgepasst!

Insgesamt sollte man dort nicht die Abfahrt seines Lebens erwarten. Trotzdem hat es was, mitten im Juli seine Skier anschnallen zu können, wenn man ein großer Ski-Fan ist. Zumal das »Skigebiet« unterhalb der Piste über ein kleines Café verfügt, in dem man in geselliger Atmosphäre etwas trinken oder eine Kleinigkeit essen und auch ohne jedes Risiko seine Sachen lassen kann (das machen hier alle so). Man kann sich auch hierher setzen, ohne etwas zu verzehren, der Ort wird für alles Mögliche genutzt, sogar als Umkleide für die jungen Skifahrer, die hier den Tag über ein- und ausgehen.

Selbst wenn ihr nicht Ski fahrt, lohnt ein Abstecher hierher, um auf 1200 Metern Höhe ein bisschen frische Bergluft zu schnuppern, bevor ihr wieder in einen der vielen Fjorde eintaucht. Wir unsererseits brechen mit den Lungen voller Bergluft in Richtung Bergen auf, das zwei Stunden von hier entfernt ist (mit Auto und Fähre).

Bergen

Bergen, da sind wir wieder! In der Stadt mit den sieben Hügeln haben wir bereits bei unserer ersten Norwegen-Reise 2015 Station gemacht. Damals haben wir dort nur einen kurzen Winterabend verbracht, es war dunkel, und es lag Schnee. Dementsprechend freuten wir uns darauf, die Stadt im Sommer zu erleben. Leider wurde unsere Ankunft an Bord von Lagertha zu einem Desaster.

Um es gleich vorweg zu sagen: Bergen ist keine Stadt, die man mit dem Auto besuchen sollte, das räumen sogar die Einwohner von Bergen ein. Erst recht nicht mit einem Van mit einer Dachbox. In allen Straßen in Zentrumsnähe ist das Parken gebührenpflichtig (außer am Sonntag), oder die Parkplätze sind Anwohnern vorbehalten. Alle Parkhäuser sind überdacht und nur für eine begrenzte Durchfahrtshöhe ausgelegt, doch damit nicht genug, es wird manchmal außen eine höhere Durchfahrtshöhe angegeben als innen.

Nachdem wir einmal durch die gesamte Stadt samt Umgebung gekurvt sind, geben wir es schließlich auf und beenden unseren Abend auf dem Parkplatz einer Pizzeria, mehrere Kilometer vom Zentrum entfernt, ein Totalreinfall. Aber wir sind fest entschlossen, unseren Besuch am nächsten Tag nachzuholen.

Denn nachdem wir dann einen Parkplatz für unseren Van gefunden haben (man sollte die Parkuhr im Blick behalten!), ist es eine wahre Freude, durch diese wunderbare quirlige Innenstadt zu laufen. Vor allem über den berühmten *Fisketorget*, was schlicht Fischmarkt bedeutet, einer der beliebtesten Fischmärkte des Landes, der das ganze Jahr über geöffnet hat, und im Sommer jeden Tag.

Vor unseren Augen wird der frische Fang zubereitet. Die Teller sehen fantastisch aus, von überallher duftet es verführerisch. Die Palette reicht von Sushi über Fish and Chips, Paella, Krabbenbrötchen bis zu Lachssteak ... Am liebsten würde man alles auf einmal probieren, sei es im Inneren der Halle, wo es etwas gediegener zugeht, oder auf dem Freiluftmarkt, auf dem sich die Touristen drängen und die unterschiedlichen Sprachen sich zu einer fröhlichen Kakophonie verbinden. Sogar Clémence, die eigentlich kein großer Fan von Fisch und Meeresfrüchten ist, scheint hier in ihrem Element zu sein!

Natürlich dauert es eine Weile, bis man seinen Imbiss schließlich in den Händen hält, aber das ist halb so schlimm. So warten wir zum Beispiel gut zehn Minuten, bis wir unseren Teller mit Fisch, Krabben, Kalmar und Pommes haben (230 NOK, ungefähr 25 €), den wir uns an einem der Tische teilen, die direkt auf dem Marktplatz stehen. Also, auch wenn der Weg dahin von einigen Hindernissen begleitet war, verlassen wir Bergen nun satt und zufrieden!

Lieblingsorte

Fisketorget i Bergen

Torget 5, 5014 Bergen

Informationen unter:
https://de.visitbergen.com/things-to-do

Kaffemisjonen

Øvre Korskirkeallmenning 5, 5017 Bergen

Das ist DER Treffpunkt der Baristas der Stadt – aus gutem Grund, der Kaffee ist wirklich ausgezeichnet!

Pingvinen

Øvre Korskirkeallmenning 5, 5017 Bergen

Wenn es ein Lokal gibt, das man in Bergen nicht versäumen sollte, dann ist es dieses hier. Pingvinen ist eine Art norwegischer Brasserie, in der traditionelle, saisonale Küche serviert wird!

Dale of Norway

Gut 60 Kilometer nordöstlich von Bergen liegt Dale, ein eher unscheinbarer Ort. Man käme nicht unbedingt auf die Idee, dort anzuhalten, womöglich würde es diesen Ort gar nicht geben, wäre da nicht eine Sache: Die Fabrik Dale of Norway.

Wir möchten uns gerne den Shop der Fabrik ansehen und uns ein wenig mit dem Geschäftsführer unterhalten, so landen wir also in diesem berühmten Outlet, das nur so überquillt vor Pullovern, einer schöner als der andere. Ihr kennt doch alle diese Pullover mit den klassischen Norwegermustern, oder? Na, von irgendwoher müssen sie ja kommen, wir haben die Quelle entdeckt!

Allerdings haben wir nicht damit gerechnet, in den Genuss einer exklusiven Führung durch die Fabrik zu kommen, denn die ist im Sommer geschlossen. Als wir jedoch unseren Partner

Mercedes-Benz ins Spiel bringen, öffnet uns das im wahrsten Sinne des Wortes Türen. Gard Strand, der Geschäftsführer, führt uns persönlich durch die Dale of Norway-Fertigungshallen.

Gute anderthalb Stunden lang führt er uns durch Gänge und Werkstätten, zeigt uns die Maschinen, erklärt uns, wie die Pullover früher hergestellt wurden und wie sie heute hergestellt werden. Er erzählt uns die Geschichte der Marke, von ihren Anfängen bis hin zum bisherigen Gipfelpunkt, als Dale of Norway den Auftrag bekam, die offizielle Teamkleidung der norwegischen Olympia-Skimannschaft zu fertigen.

Natürlich hat diese Qualität ihren Preis (für einen Pullover muss man zwischen 200 und 400 € ausgeben), und wenn wir könnten, würden wir am liebsten alle kaufen, vielleicht weil wir hinter die Kulissen geschaut und gesehen haben, wie aufwendig die Herstellung ist, und weil Gard so begeistert über die Muster und das Knowhow der Marke gesprochen hat. Und dann auch deshalb, weil diese Pullover einfach toll sind!

Aber wir sind gerade mal zehn Tage unterwegs, da können wir natürlich nicht unser Budget so sprengen, wenn wir unsere Reise gerne fortsetzen möchten, beziehungsweise Geld fürs Essen übrig behalten wollen. Aber zum Glück gibt es im angeschlossenen Shop sehr günstige Angebote. Gard verkauft uns zwei Pullis, die für die Skilanglauf-Nationalmannschaft entworfen worden sind, 80 Prozent günstiger und schenkt uns sogar noch eine CD von seinem norwegischen Lieblingskomponisten. Er ist unglaublich nett zu uns. Dafür, und für alles andere: Danke, Gard!

In the Hall of the Mountain King – Trent Reznor und Atticus Ross

Vikafjellsvegen

Route 13, so sieht man sich wieder! Sie hat uns doch ein gutes Stück unserer Wegstrecke begleitet, bevor wir sie für unseren Abstecher nach Eidfjord verlassen haben. Ehrlich gesagt haben wir sie schon ein wenig vermisst, wir hingen doch an ihr, das merken wir jetzt.

Und dann tauchen da nordöstlich von Dale Schilder auf, auf denen diese uns so vertraute Richtung wieder angezeigt wird. Die Route 13 hat uns bisher Glück gebracht, also warum nicht? Und wie es der Zufall will, führt sie zu einem Ort, den wir sowieso als eine mögliche Option auf unserer Liste stehen haben, dementsprechend zögern wir nicht lange.

Wir durchqueren also ein Tal und befinden uns im nächsten Moment vor einer von Serpentinen durchzogenen Wand, über die man in der Ferne Autos herauf- und herunterkriechen sehen kann. Da schlägt unser Herz doch gleich höher! Nachdem wir die paar Kurven mit Leichtigkeit hinter uns gebracht haben, befinden wir uns auf einem nackten Felsplateau. Die Straße schlängelt sich zwischen kleinen Häusern und Seen hindurch, und erneut fühlen wir uns wie in einer anderen Welt. Wäre das nicht ein toller Schlafplatz? Es ist noch ein bisschen früh, um sich ins Bett zu legen, aber wir kommen wieder.

Am Ende der Straße landen wir in der Ortschaft Vik i Sogn, für Kenner kurz Vik, die vor allem für ihre Kirche und ihren Käse berühmt ist. Die Begeisterung für alte Kulturgüter können wir teilen, bei altem Stinkekäse dagegen müssen wir passen!

Stoick's Ship – John Powell

Als wir in den Ort hinunterfahren, springt uns die Kirche sogleich ins Auge. Die vermutlich älteste hölzerne Stabkirche Norwegens wurde an eben dieser Stelle höchstwahrscheinlich Anfang des 12. Jahrhunderts erbaut (andere Kirchen wurden im Laufe der Zeit umgesetzt).

Noch ein Stück Kulturgut: Der *Gamalost*, norwegisch für alter Käse. Clémence sagt, nachdem sie ihn probiert hat, dass er diesen Namen absolut zu Recht trägt. Es soll ihn bereits zu Zeiten der Wikinger gegeben haben. Das erklärt vielleicht auch, warum er steinhart ist ... Jedenfalls ist er pur ziemlich gewöhnungsbedürftig. Nachdem wir die Karten einiger Lokale inspiziert haben, kommen wir im Übrigen zu dem Schluss, dass kaum ein Lokal ihn solo anbietet (wir werden diese Recherche fortsetzen) und er meist eher sparsam eingesetzt wird, über einen Salat gerieben oder aufs Brot gelegt. Zu seinen Gunsten spricht, dass er nur 1 Prozent Fett hat und dafür 50 Prozent Proteine. Das passt wiederum sehr gut zu dem Bild, das man sich von Wikingern macht!

Nightspot

60° 56' 17.8" N | 6° 26' 37.1" E

Vikafjellsvegen

Dieses Land ist wirklich großartig. Alle fünfhundert Meter fragt man sich: Wie wäre es, wenn wir hier die Nacht verbringen? Und in 99 Prozent der Fälle gibt es nichts, was dagegenspricht. Darum haben wir mittlerweile unsere eigene Devise für die Suche nach einem geeigneten Schlafplatz entwickelt: Ist der Grund eben, können wir uns hinlegen!

Der Platz, den wir heute finden, ist nahezu perfekt. Er liegt unterhalb einer wenig befahrenen Straße am Ufer eines Sees, völlig einsam, nur ein paar Schafe leisten uns Gesellschaft.

Aurlandsfjellet & Tindevegen

Auch wenn es bereits seit 4.00 Uhr hell ist, fällt es uns schwer, in Gang zu kommen. Das Problem ist weniger, aufzustehen, als vielmehr unseren kleinen Platz am Ende der Welt zu verlassen. Aber schließlich soll das Abenteuer weitergehen.

Zum Glück für uns sind wir bald wieder vor eine Wahl gestellt: Entweder wir nehmen den Lærdal-Tunnel, um schnell die Stadt gleichen Namens zu erreichen, oder wir fahren über den Aurlandsfjellet und die Pässe. Aber wenn man entweder 24,5 Kilometer unter einem Berg hindurchfahren kann oder von diesem Berg herabschauen kann, ist eigentlich klar, wofür man sich entscheidet, oder? Unsere Wahl ist jedenfalls schnell getroffen.

Lieber ein bisschen mehr Zeit aufwenden, und dafür mehr geboten bekommen! Die ersten Serpentinen zum Aurlandsfjellet hoch sind wirklich beeindruckend, weniger weil sie so steil sind, als vielmehr weil sie so eng sind. Aber nachdem uns ein oder zwei Busse entgegengekommen sind, sagen wir uns, dass wir das schon hinkriegen werden. Der Blick auf den Aurlandsfjord ist einfach sensationell, vor allem von der Stegastein-Aussichtsplattform aus.

Und danach? Fast 40 Kilometer durch die märchenhafte norwegische Berglandschaft, von der wir seit unserem ersten Aufenthalt in diesem Land geträumt haben, genauso wie wir sie uns erträumt haben.

♫ *Dream – Cover de José González*

Die Abfahrt kommt dann fast zu schnell, wir möchten mehr davon! Das trifft sich gut, denn wir haben erneut die Wahl: Entweder wir nehmen die Route 5 und eine Fähre, um den Lustrafjord zu durchqueren, oder wir umfahren den Fjord und fahren durch die Berge ... Ihr könnt euch denken, wie es weitergeht.

Seit Øvre Årdal sind wir nun auf dem Tindevegen unterwegs. Erneut zieht eine atemberaubend schöne Landschaft vor unserem Autofenster vorbei. Dabei hat man immer wieder das Gefühl, die Erde hinter sich gelassen zu haben und sich schlicht in einer anderen Sphäre zu befinden.
Wir fahren den Berg wieder herunter, dieses Mal endgültig, und steuern das Ufer des Lustrafjord an. Wir möchten eine Pause einlegen, alle Eindrücke erst einmal verarbeiten, uns die Zeit nehmen zu sagen: Das war großartig. Und darauf anstoßen.

Wichtig zu wissen: Aurlandsfjellet und Tindevegen sind im Winter wegen des Schnees gesperrt. Letzterer ist ein Privatweg und darum kostenpflichtig. Wer ihn benutzen möchte, muss dafür 80 NOK bezahlen (8,50 €).

Wie sich der Marco Polo fährt

Unser *Roammates*-Team war bisher immer mit dem »Lieutenant« unterwegs. Nur damit ihr eine Idee habt, wie groß der Unterschied zum Marco Polo ist: Wenn Lagertha ein Rennpferd ist, dann ist der Lieutenant höchstens ein größeres Pony. Er ist lustig, insgesamt ganz knuffig, aber bei Pferderennen absolut chancenlos.

Der Marco Polo ist eine völlig andere Welt, er fühlt sich auf jedem Belag wohl.

In der Stadt hat er im Vergleich zu anderen Wagen seines Typs den großen Vorzug, dass er vernünftige Maße hat, weder zu hoch noch zu lang ist, außerdem verfügt er über diverse Einparkhilfen (Kamera, Radar, Warntöne), auf die man bei heiklen Manövern zurückgreifen kann. In den Bergen genauso, er hat so viel Power, dass er die damit verbundenen Schwierigkeiten ohne jede Probleme meistert: Kurven, steile Abfahrten. Und dabei hält sich sein Verbrauch in Grenzen, auch ein wichtiges Kriterium in einem Land, in dem Benzin extrem teuer ist.

Und im Flachland, vor allem auf der Autobahn, steht einem der Abstands-Assistent Distronic zur Verfügung, der aktiv beschleunigt und abbremst, sodass immer der Sicherheitsabstand zu den anderen Wagen gewährleistet wird, das ist unglaublich bequem. Der Wagen vor einem bremst auf einmal ab? Der Marco Polo passt sein Tempo entsprechend an und leitet, wenn nötig, eine Totalbremsung ein. Er fährt wieder los? Der Marco Polo gibt ein bisschen Gas (nur wenn er zum Stehen gekommen ist) und fährt weiter in dem vorab eingestellten Tempo.

Da kann man in aller Ruhe die Landschaft genießen!

Nightspot

61° 24' 59.3" N | 7° 26' 26.7" E

Luster

Nach einer aufregenden Erfahrung gibt es nichts Besseres, als eine Pause einzulegen, eine echte Pause, wenn möglich direkt am Wasser. Da Norwegen ein vollkommenes Land ist, gibt es diese Möglichkeit natürlich.

Nachdem wir ein paar Kilometer am Lustrafjord entlanggefahren sind, fällt uns an der Route 55 dieser kleine Rastplatz ins Auge, wo es Mülleimer und vor allem Toiletten und Umkleiden gibt. Also parken wir Lagertha unter den Bäumen, holen Tisch und Stühle raus, um den Rest des Tages zu entspannen. Ein kleines Bad gönnen wir uns auch noch!

Open Sea Theme – Sven Libaek

Die Fjorde im Westen

Von Fjærland bis Kristiansund

Diese Reise hat wirklich ein irres Tempo, weniger in Bezug auf die Kilometer, die wir jeden Tag zurücklegen, als auf die Entdeckungen, die wir dabei machen.

Als wir uns anschicken umzukehren, oder genauer, uns wieder Richtung Küste zu bewegen, nachdem wir den riesigen Sognefjord umfahren haben (der längste Europas und zweitlängste der Welt, das will was heißen), stellen wir fest, dass es gerade mal eine Woche her ist, dass wir Karmøy verlassen haben.

Eine Woche! In dieser Woche haben wir gebadet, sind Ski gefahren, haben eine Fabrik besichtigt ... Dieses Land ist unglaublich, und wir stehen noch ganz am Anfang unseres Abenteuers.

In dieser kleinen Pause am Wasser hatten wir die Muße, mal darüber nachzudenken, was gerade passiert. Diese Zeit sollte man sich unbedingt nehmen, wenn man etwas Besonderes erlebt. Eigentlich realisieren wir erst jetzt, was wir für Glückspilze sind!

Und nun geht's weiter Richtung Westküste. Aber bis dahin erwarten uns noch zahlreiche Fjorde!

Nightspot
Kristiansund
Karvag
Bud
Nightspot
Trollstigen
Valldall
Geirangerfjord
Nightspot
Fjærland

Kajaktour in Fjærland

Wenn man andauernd dieses ganze Wasser in der Sonne glitzern sieht, ist die Verlockung groß, das auszunutzen! Als wird dann das Dorf Fjærland erreichen, überkommt uns plötzlich die Lust, Kajak zu fahren. Schließlich waren die Wikinger stolze Seefahrer, auch wenn sie für ihre Expeditionen größere Boote benötigt haben dürften als ein Kajak für zwei Personen.

Wir erkundigen uns also bei der Touristeninformation, und dort gibt eine freundliche Dame uns den Rat, es beim Fjærland Fjorsdstue Hotell zu versuchen, das seinen Gästen (und anderen Touristen, die freundlich fragen), Kajaks, Ruderboote und Motorboote zur Verfügung stellt. Und schon sind wir unterwegs zu einer zweistündigen Wassersport-Tour.

Wichtig zu wissen: Das Hotel ist der einzige Ort, an dem man ein extra leichtes Boot mieten kann, so hatten wir einen Fjord fast für uns ganz allein, ab und an war mal ein Fischer oder ein anderes kleines Boot zu sehen, das war alles.

Vom Wasser aus hat man einen wunderbaren Blick auf den Jostedalsbreen, den größten europäischen Festlandgletscher. Wer großes Glück hat, sieht womöglich sogar ein paar Adler oder Tümmler.

Da es keinen extra Kajak-Verleih gibt, erweist sich der Verleih durch das Fjærland Fjorsdstue Hotell also als ausgezeichnete Alternative.

Phase – Beck

Dieser kleine Ort wird Naturliebhaber begeistern, aber Fjærland hat darüber hinaus auch kulturelle Highlights zu bieten, so ist es unter dem Namen *Bokbyen* bekannt, was übersetzt so viel heißt wie »das Dorf der Bücher«. Jedes zweite Haus in der Hauptstraße verkauft nämlich antiquarische Bücher, vor allem in norwegischer Sprache, aber auch auf Englisch, und wer lange sucht, soll sogar Bücher auf Französisch und bestimmt auch auf Deutsch finden. In einigen dieser Antiquariate kann man sogar einen Kaffee trinken! Oder ist es umgekehrt, und es stehen einfach nur große Bücherregale in einigen Cafés des Ortes herum?

TELEFON
TELEFON

Nightspot

61° 52' 1.3" N | 6° 49' 18.7" E

Olden

Bei einem guten Roadtrip ist man natürlich viel unterwegs, aber man muss auch wissen, wann es an der Zeit ist anzuhalten, mal gar nichts zu tun, sich bei Sonnenschein auf einem großen, flachen Felsen auszustrecken und ab und zu eine Abkühlung zu gönnen, indem man zum Beispiel in den Innvikfjord springt ... Bei der Gelegenheit kann man dann auch noch den Tag mit einer Dusche beschließen, an der Rückseite Lagerthas, in der gut abgeschirmten, faltbaren Duschkabine, die unsere Freunde von WeVan uns netterweise in den Kofferraum geschmuggelt haben. Diese ideale Badestelle wird überdies von einem kleinen Rastplatz ergänzt, dort kann man wunderbar parken. Da also verbringen wir unseren Tag und die Nacht auf den 27. Juli. Obwohl der Platz nur wenige Meter von der Straße entfernt ist, wird er durch eine Felswand vom Lärm der Straße abgeschirmt, und er ist leicht zugänglich über den asphaltierten Fahrradweg (für Autos freigegeben), der Fahrradfahrern einen kurzen Tunnel auf der FV60 ersparen soll. Genau das, was wir gesucht haben!

Gold in the air – Jesse Woods

Wo kann man sich waschen, wenn man mit dem Van unterwegs ist?

Das ist eine der meistgestellten Fragen, wenn nicht DIE meistgestellte Frage: Wo wäscht man sich, wenn man mit dem Van unterwegs ist? Wenn man sich für eine Rundreise entschieden hat, muss man dafür zwangsläufig ein wenig seine Komfortzone verlassen und auf gewohnte Annehmlichkeiten verzichten. Aber mit ein paar guten Ratschlägen und etwas Improvisationskunst werden selbst begeisterte Anhänger einer täglichen Dusche auf ihre Kosten kommen!

Duschen gegen Gebühr, aber nicht nur!
In vielen Einrichtungen bekommt man für ein paar Kronen Zugang zu den dazugehörigen Sanitäranlagen. In der Regel muss man dafür bezahlen, aber manchmal wird einem so eine warme Dusche netterweise auch spendiert. Wir denken dabei in erster Linie an Campingplätze (dafür muss man dort nicht die Nacht verbringen!), an Tankstellen, Autobahnraststätten, große Einkaufszentren, Hafenmeistereien, die sanitären Anlagen von Naturschutzgebieten, Freizeitzentren und Sporteinrichtungen (Schwimmbäder, Eislaufhallen, Stadien, Tennisclubs ...).

Die Außendusche
Wenn man eine Außendusche hat, egal ob eine externe Solardusche oder eine, die man ans Wassernetz des Van anschließen kann (wie bei Lagertha), kann man direkt an seinem Stellplatz duschen. Eine solche Dusche verleiht einem bei Reisen mit dem Van eine deutlich größere Unabhängigkeit.

Im ersten Fall genügt es, wenn es warm ist, den schwarzen Sack (der in der Regel 20 l fasst) flach ausgebreitet in der Sonne aufheizen zu lassen, um sich ein paar Stunden später eine nette warme Dusche inmitten der Natur zu gönnen, eine wahre Freude!

Wer es etwas eiliger hat, wird die Vorzüge des zweiten Modells schätzen: Mit der direkt an den Van angeschlossenen Handbrause ist das Duschen genauso unkompliziert wie zu Hause. In der Regel wird diese Dusche aber (wenn der Wassertank nicht speziell isoliert oder mit einem Durchlauferhitzer verbunden ist), Zimmertemperatur haben. Das funktioniert in manchen Gegenden und Jahreszeiten eben besser als in anderen. Diese Lösung ist zum Beispiel optimal für alle, die gerne das Strandleben genießen, und sich anschließend das Salz und den Sand von der Haut und/oder den Outdoor- und Wassersportgeräten spülen wollen!

Wenn ihr genug Platz habt, so unser Tipp, solltet ihr möglichst beide Varianten dabei haben, da jede ihre Vorteile hat. Für alle, die fürchten, von der heimischen Fauna aufgeschreckt zu werden, ist darüber hinaus eine faltbare Duschkabine zu empfehlen. Nach ein, zwei Testläufen werdet ihr sie ohne weitere Mühe aufbauen können, versprochen!

Für die Mutigsten unter euch gibt es natürlich auch noch die Möglichkeit, in das Wildwasser von Flüssen und Fjorden zu gehen, da kann man dann komplett eintauchen ... dabei versteht es sich von selbst (genau wie bei der Außendusche), dass man nur 100 Prozent natürliche und biologisch abbaubare Produkte benutzt.

Katzenwäsche
Es gibt Tage, an denen man die Solardusche nicht herausholen kann, beziehungsweise an denen man noch nicht mal den Van verlassen kann/will! Keine Panik, es gibt eine Alternativlösung zur Dusche, und zwar die Katzenwäsche. Mit Katzenwäsche meinen wir nicht das, was Nel täglich tut, das wollen wir euch nicht empfehlen! Nein, es handelt sich schlicht darum, ein Ding zu verwenden, das man gemeinhin Waschlappen nennt (mit ein bisschen Wasser und Marseiller Seife) oder Erfrischungstücher (möglichst biologisch abbaubar oder wieder verwendbar) oder auch Trockenshampoo (das den Haaren zumindest für einen Tag wieder eine gewisse Flockigkeit verleiht).

Geirangerfjord

Nachdem man einige Tage in der Fjord-Region unterwegs war, neigt man vielleicht zu der Idee, »hat man einen Fjord gesehen, hat man alle Fjorde gesehen«. Einerseits ja, andererseits nein. Zwar ähneln sie sich in mancherlei Hinsicht, das Wasser, die Felswände etc., aber der Geirangerfjord ist eine Klasse für sich. Die UNESCO hat ihn schließlich nicht ohne Grund zum Weltnaturerbe erklärt.

Um es kurz zu machen, wenn man sich nur einen Fjord ansehen kann, dann sollte man sich diesen Fjord ansehen. Da er nicht auf unserem Weg nach Valldal liegt, kehren wir also noch einmal um. Das ist die Gelegenheit, den Tipp des Tages loszuwerden, wie man das Angenehme mit dem Nützlichen verbinden kann: Indem wir von Hellesylt aus mit der Fähre nach Geiranger fahren (865 NOK, ungefähr 90 €), kommen wir in den Genuss einer schönen Überfahrt über den Fjord und sparen im Vergleich zur Landroute auch noch Zeit.

Im Übrigen ist das Naturschauspiel, das dieser gigantisch große Fjord zu bieten hat, sicher keine Zeitverschwendung. Es ist einfach nur toll, sich auf das Außendeck zu setzen und die Landschaft zu bewundern! Der Geirangerfjord wird seinem Ruf in jedem Fall gerecht, und bei der von englischen Kommentaren begleiteten

Ramparts – Craig Armstrong

Überfahrt hat man einen fantastischen Blick auf die Felsen, die ihn einrahmen, auf die Sieben-Schwestern-Wasserfälle und die alten Bauernhöfe, die verstreut am Uferrand liegen.

Nachdem wir in Geiranger angekommen sind, fahren wir auf die Route 63, deren erste Haarnadelkurven einen schier atemberaubenden Blick auf den Fjord erlauben. Es ist wirklich ein einmaliges Naturschauspiel, einfach nur wunderbar. Und obwohl wir den Fjord gerade erst mit dem Schiff überquert haben, haben wir das Gefühl, ihn noch einmal ganz neu zu entdecken. Es fällt uns direkt schwer, uns von dem Blick loszureißen, den wir von der Ørnesvingen-Aussichtsplattform aus genießen.

Am späten Nachmittag kommen wir dank einer zweiten Fahrt mit der Fähre nach Linge und von dort aus nach Valldal, dort erwartet uns erneut ein kulinarisches Highlight!

Hin und wieder lohnt es sich, die Straße zu verlassen und die Landschaft auf andere Art zu erkunden!

Zögert nicht, euren Van mal gegen ein Kajak, ein Paddelboot, ein Fahrrad, ein Pferd, eine Fähre etc. einzutauschen. Dank neuer Perspektiven, eines anderen Tempos könnt ihr so einen ganz neuen Blick auf dieses wunderbare Land und seine Natur werfen. Wer gerne wandert, kann auch mal eine Nacht im Zelt verbringen.

Erdbeertage

Etwa 85 Kilometer östlich von Ålesund, am Ende des Storfjords, verbirgt sich der kleine Ort Valldal. Auf den ersten Blick ist er ein Ort wie jeder andere, aber tatsächlich befindet sich hier Norwegens größtes Erdbeer-Anbaugebiet. In diesem Jahr zum Beispiel hat man hier 460 Tonnen Erdbeeren geerntet, dazu kommen noch die anderen Beerenfrüchte! Für uns Grund genug, ihm einen kleinen Besuch abzustatten …

Nach einer kurzen Recherche schreiben wir dem Restaurant Jordbærstova eine E-Mail. Das Lokal hat viele Rezepte rund um die Erdbeere gepostet, und sein Erdbeerkuchen ist über die Landesgrenzen hinaus berühmt. Da wir keine Antwort erhalten, beschließen wir, einfach hinzufahren. Es wird leider ein Totalreinfall: Die Inhaberin hat unsere Mail zwar gesehen, sich aber nicht

Strawberry Swing – Coldplay

die Zeit genommen, sie zu lesen, unser Projekt interessiert sie nicht, und sie schenkt uns noch nicht mal das kleinste Lächeln ...

Am nächsten Tag suchen wir Zuflucht im Under Taket-Café, um zu überlegen, wie wir mit diesem traurigen Erlebnis umgehen, von dem wir auch dem Kellner berichten. Diese Initiative sollte sich auszahlen: »Sie möchten Informationen? Dann gehen Sie zu Ann in der Valldal Safteri. Sie liebt es, sich auszutauschen!« Wer weiß, vielleicht wendet sich jetzt das Blatt zu unseren Gunsten.

Ann, eine frühere Bankerin aus der Region Brüssel, empfängt uns mit einem breiten Lächeln. Wir reden darüber, wie es zu diesem doch ziemlich ungewöhnlichen Berufswechsel gekommen ist, und über ihre Produkte, die sie ausschließlich aus Beeren der Region produziert. Auf jeden Fall sind die Konfitüren aus Erdbeeren, schwarzen Johannisbeeren und Himbeeren, die sie selber herstellt, wirklich ausgezeichnet! Noch dazu vermittelt sie uns den Kontakt zu einem Ehepaar, ihren Lieblingsproduzenten. So werden wir nun vielleicht doch noch hinter das Geheimnis dieser köstlichen Erdbeeren kommen.

Ein kurzer Anruf bei Hegelin genügt, und wenig später stehen wir mit ihr und ihrem Mann Audun in den Erdbeerfeldern und unterhalten uns angeregt, während sie nebenbei ihre letzten Erdbeeren ernten (da es kürzlich stark geregnet hat, sind einige Früchte schimmelig geworden, und Hegelin hat unter anderem die Aufgabe, diese Früchte zu finden, und zwar allein anhand des Geruchs). Da wir große Erdbeerliebhaber sind, zögern wir nicht lange, als uns ein paar frisch gepflückte Erdbeeren angeboten werden. Es handelt sich um die letzten Früchte der Saison, also die »weniger guten«, aber selbst die können es geschmacklich problemlos mit denen aufnehmen, die wir zuletzt in Frankreich gegessen haben. Kein Wunder, mit fast zwanzig Sonnenstunden am Tag sind die Bedingungen hier ideal.

Wir freunden uns schnell mit Hegelin und Audun an, erzählen ihnen von unserem unglücklichen Erlebnis mit der Inhaberin des Restaurants. »Ja, die ist schon eigen«, vertrauen sie uns an. Dann fügen sie an: »Ihr möchtet gerne den Kuchen probieren? Wir haben noch einen eingefroren. Kommt doch zum Kaffee zu uns nach Hause.« Dafür müssen wir Erdbeeren in allen Variationen probieren!

Nachdem wir die Kooperative der Obstverarbeitung besucht haben, werden wir also in ihr wunderschönes Haus eingeladen. Dort reden wir bei einem Stück Kuchen (er ist wirklich ausgezeichnet) über dies und das, tauschen uns über sprachliche Besonderheiten, Erdbeeren, unsere gemeinsame Begeisterung fürs Kino und über Auduns Vorliebe für französische Oldtimer aus ... »Am besten, ihr bleibt zum Essen und übernachtet bei uns, dann könnt ihr morgen auch noch bei uns duschen!«, schlagen sie vor.

Um ehrlich zu sein, wir hatten nicht damit gerechnet, so herzlich empfangen zu werden, da wir nun einmal das Vorurteil pflegten, demzufolge die Menschen im Norden weniger offen sind als die im Süden.
Aber nachdem wir ein paar Stunden mit dem Paar verbracht haben, das von überbordender Freundlichkeit ist, fühlen wir uns fast wie ein Teil der Familie. Wir ernten Gemüse fürs Abendessen, essen gemeinsam mit den Kindern, Brüdern, Schwestern und Cousins, die hier ihre Ferien verbringen. Sie alle sind neugierig zu erfahren, was wir gesehen haben, wo wir noch hinfahren möchten, und haben lauter gute Tipps für uns. Ein überaus herzlicher, ganz besonderer Abend, den wir so schnell nicht vergessen werden.
Am nächsten Morgen, nach einer wohltuenden Dusche und einem Frühstück, verabschieden wir uns von unseren Gastgebern, dabei haben wir feuchte Augen und versprechen uns gegenseitig in Kontakt zu bleiben. Danke, Valldal!

Trollstigen

Wenn es eine Route in Norwegen gibt, die legendär ist, dann ist es der berühmte Trollstigen, norwegisch für »Trollleiter«. Dieses Teilstück der Route 63 mit seinen Haarnadelkurven gehört tatsächlich zu den Must-Sees.

Erst recht für uns, da wir von Valldal aus sowieso in nordöstlicher Richtung fahren wollen.

Während wir zu dem berühmten Teil mit den Haarnadelkurven hochfahren, bekommen wir einen Eindruck davon, welche Kräfte der Natur hier am Werk gewesen sein müssen und diese eiszeitlichen Täler hinterlassen haben. Man fühlt sich regelrecht erdrückt von den umliegenden Felsen, insofern liegt der Vergleich mit den Trollen, die dieser Route ihren Namen gegeben haben, nahe.

Klar, eine Touristenroute zieht natürlich Touristen an, in der Hinsicht bildet der Trollstigen keine Ausnahme, vor allem in der Hochsaison. Aber die Norweger haben sich alle Mühe gegeben, den Ort dafür bestmöglich einzurichten. Zunächst einmal gibt es einen großen Parkplatz, und dann wurde eine lang gezogene Promenade eingerichtet, die zu einem Aussichtspunkt führt, der oberhalb der Straße liegt.

Auch unter der Gefahr, das Wort überzustrapazieren, der Ausblick ist einzigartig, geradezu schwindelerregend!

Divenire – Ludovico Einaudi

Nightspot

62° 44' 56.5" N | 7° 07' 44.2" E

Molde

Nachdem wir den Trollstigen bewundert und von Åfarnes aus eine Fähre nach Sølsnes genommen haben, erreichen wir Molde, eine mittelgroße Stadt am Ufer des Midfjord.

Das Stadtzentrum lohnt eigentlich keinen Besuch, es sei denn man wird von einer plötzlichen Lust auf Pizza überkommen, so wie wir. Einige werden jetzt vielleicht einwenden, das sei nicht gerade ein typisch norwegisches Gericht, aber die Norweger gehören nichtsdestotrotz zu den größten Pizza-Konsumenten in Europa (wenn nicht der Welt). Das ist also genau der richtige Ort für uns!

Wir landen im Restaurant Glass, die Pizzen dort sind echt köstlich und raffiniert belegt. Danach begeben wir uns auf die Suche nach einem Platz für die Nacht.

Auf einer Anhöhe über der Stadt finden wir genau das, was wir suchen, einen kleinen Parkplatz, von dem der Blick über den Fjord und die angrenzenden Inseln geht. Er ist in gut fünf Minuten vom Stadtzentrum aus erreichbar, kurzum, der ideale Spot!

♫ *Two Lungs – Mogli*

Lieblingsorte

Glass Restaurant

Moldetorget, Torget 1, 6413 Molde

Dieses italienische Restaurant ist einfach wunderbar! Das betrifft sowohl das Essen (wir empfehlen euch wärmstens, die Pizzen zu probieren), als auch die Einrichtung. Da wurde wirklich nichts dem Zufall überlassen, ange fangen von der Raumgestaltung, über die Möbel, den Namenszug des Lokals, der sich überall wiederfindet, bis hin zur Beleuchtung.
Hier gibt es köstliches Essen in einem absolut timmigen Rahmen, natürlich mit Fjord-Blick!

Es der Natur zurückgeben …

Wir kommen nicht umhin, über das Thema kleine (und große) »Geschäfte« zu reden! Tatsächlich hängt das ganz von der Tageszeit ab, und von dem Ort, an dem ihr euch gerade befindet.

In freier Natur:
Keine Sorge, es genügt, sich ein paar Schritte vom Van zu entfernen, um ein vor Blicken geschütztes stilles Örtchen zu finden. Am besten stattet ihr euch mit dem nötigen Werkzeug aus (kleine Klappschaufel/Hacke), um die »Spuren« eures Besuchs zu beseitigen, damit keine Wildtiere angelockt werden, aber vor allem aus Respekt vor der Natur und vor denen, die nach euch kommen. Je nach Ort und Saison kann man das Papier eventuell auch verbrennen (Vorsicht, Feuergefahr!). Die Perfektionisten unter euch gehen womöglich sogar so weit, sich Hölzer und Steine zusammenzusuchen, um sich einen Toilettensitz aus Naturmaterialien zu bauen. Also, liebe Heimwerker, da könnt ihr euch so richtig austoben!

Nachts ist es im Grunde genauso einfach, mit dem Unterschied, dass ihr eine Taschenlampe dabei haben solltet (die Taschenlampe eures Handys reicht völlig aus) oder eben eine Stirnlampe.

In der Stadt:
Außer in Fällen von höherer Gewalt werdet ihr es aus vielerlei Gründen tunlichst vermeiden, in der Stadt zu übernachten, es gibt schließlich idyllischere Orte dafür! Aber solltet ihr dennoch einmal in die Situation kommen, keine Sorge, für den Fall gibt es nicht nur Bars/Cafés/Tankstellen/Restaurants etc., sondern ihr habt darüber hinaus die Möglichkeit, in eurem Van faltbare Trockentoiletten mitzunehmen. Vorsorge ist besser als Nachsorge!

Ab in die Küche!

Wir sind mal wieder in einem Fischerdorf. Das ist nicht besonders überraschend, schließlich sind alle Orte an der Küste mehr oder weniger Fischerorte. Als wir in Bud ankommen, erfahren wir, wie bitter sich die in Norwegen geltende Beschränkung beim Verkauf alkoholischer Getränke auswirken kann: Wir kommen um 20.05 Uhr an die Kasse, also fünf Minuten zu spät, damit fällt unser Feierabendbier mit Meerblick heute Abend leider aus. Aber wir wollen uns wegen dieser Kleinigkeit nicht unnötig aufregen und beschließen, trotzdem die Nacht hier zu verbringen.

Am nächsten Morgen, als wir uns im Restaurant Bryggen i Bud einen kleinen Arbeitsplatz einrichten, fällt uns jemand ins Auge. Vielleicht liegt es am Schnurrbart, vielleicht an der Schiffermütze oder daran, dass besagte Person immerzu zwischen Küche und Gastraum hin und her läuft und alle Gäste begrüßt. In jedem Fall ist unser Interesse geweckt!
Mit Hilfe von Pål, der am Empfang arbeitet und als Übersetzer vom Norwegischen ins Englische fungiert, machen wir also die Bekanntschaft von John Einar Solheim, einem früheren Koch der norwegischen Marine und nunmehr Restaurantinhaber. Das ist die ideale Gelegenheit, ein typisches Gericht kennenzulernen, das hier auf der Karte steht, und so lädt John uns also in seine Küche ein, um uns etwas über ein traditionelles norwegisches Gericht zu erzählen, den *gammelsaltet* sei.

Der Name ist deutlich komplizierter als das Rezept selbst, denn hier handelt es sich »schlicht« um einen Fisch (in diesem Fall einen Seelachs), der sieben Jahre in Salzwasser eingelegt, dann in ungesalzenem Wasser gekocht und entsalzt wird, bevor man ihn mit Karotten in Sahnesauce, Salzkartoffeln und ausgelassenen Speckwürfeln samt Fett serviert (John betont, dass das Fett den salzigen Geschmack abmildert). Tatsächlich schmeckt das am Ende köstlich!

Das einzige Problem ist die Dauer der Zubereitung. Wer im Jahr 2026 norwegische Freunde zum Essen einladen möchte, sollte sich also rechtzeitig darauf vorbereiten. Das bedeutet, dass der Seelachs, den wir gerade essen, im Jahr 2011 gefischt wurde. (Da war Nel noch nicht mal geboren.)

Auf jeden Fall verbringen wir dank John und Pål einen netten geselligen Moment in der Küche des Bryggjen i Bud. Und obendrein können wir noch ein traditionelles Gericht probieren, das ist ganz nach unserem Geschmack!

Bryggjen i Bud

Vikavegen 143, 6430 Bud

Patience – The Lumineers

Die Atlantikroute

Unser Weg führte uns in den letzten Tagen vor allem über Gebirgsstraßen. Wild, zeitlos, wunderbar. Aber sie waren auch durchaus anstrengend zu fahren, oft eng, viele Haarnadelkurven, teils mit starkem Gefälle.

Insofern kann man auf der Atlantikroute mit ihren sanften Kurven, den sich kunstvoll hochschraubenden Brücken, dem Wasser, das zum Greifen nah ist, als Fahrer einmal regelrecht durchatmen und entspannen. Dazu lässt man eine schöne Filmmusik laufen, und alles ist in Butter. Und zwar so sehr, dass man die Strecke gleich mehrmals hintereinander fahren könnte ...

Unser Rat: Fahrt früh los, so meidet ihr volle Straßen!

Nach ungefähr 500 Metern auf der Atlantikroute, als diese eine Kurve Richtung Landesinneres nimmt (in west-östlicher Richtung), kann man ein altes Fischerdorf erkennen. Ja, noch eins! Aber dieses Fischerdorf ist anders als die anderen.

Es ist nämlich streng genommen gar kein Dorf mehr. Die Häuser stehen nach wie vor da, sind gut in Schuss. Das hat den einfachen Grund, dass das gesamte Dorf verkauft und in einen Hotelkomplex umgewandelt wurde, der nur vom Wasser aus erreichbar ist. Der ideale Ort für alle, die Ruhe und Authentizität lieben.

Time – Hans Zimmer

Nightspot

63° 07' 34.3" N | 7° 45' 11.2" E

Kristiansund

Heute kommt die Ausnahme von der Regel, wir schlafen in einer Stadt! Weniger weil wir Lust dazu haben, als vielmehr mangels Alternative. Unser Weg hat uns nach Kristiansund geführt, bevor wir ein Stück zurückfahren, um unseren nächsten geplanten Besuch zu machen. Da diese Stadt ideal gelegen ist als Basislager und um die Vorräte wieder aufzufüllen, werden wir uns schon damit arrangieren.

Wir fahren ein bisschen herum und stoßen schließlich auf einen kleinen Rastplatz am Ende einer Marina: Kein Durchgangsverkehr, Blick aufs Meer und ein kleiner Picknick-Tisch, mehr brauchen wir nicht!

Pure Norwegian Seafood

Es ist gerade mal ein paar Tage her, da hat Norwegen sich im Wettstreit um die besten Erdbeeren der Welt an die Spitze geschoben. Unerwartet, aber wahr. Dagegen ist allgemein bekannt, dass das Land in der Lachs-Erzeugung zu den absoluten Giganten gehört. Hier zwei Statistiken, um das zu veranschaulichen:

- Norwegen züchtet im Jahr 1,2 Millionen Tonnen Lachs, das ist die Hälfte der weltweiten Produktion. (Die Mathe-Cracks unter euch haben das schnell ausgerechnet, das macht zwischen 23 und 25 Millionen Tonnen pro Woche!)
- täglich werden weltweit 14 Millionen Mahlzeiten mit norwegischem Lachs zubereitet.

Bei diesen astronomischen Produktionsahlen wird natürlich auch Kritik laut. Aber inmitten eines Ozeans von Quantität ragt eine Insel von Qualität heraus, und mit der haben wir dank der Vermittlung durch Joseph (von WeVan) Kontakt aufgenommen.

So kommt es also, dass wir Reidar Nygård und Eldar Arne Henden treffen, die beiden Geschäftsführer von Pure Norwegian Seafood. Sie sind so freundlich, sich an einem Samstag die Zeit zu nehmen, uns ihre Lachsfarm zu zeigen.

Natürlich stellen wir gleich zu Beginn die Frage, die uns am meisten interessiert: Was unterscheidet ihr Unternehmen von den vielen anderen Erzeugern von norwegischem Lachs, die es gibt? Die Antwort ist einfach: Eldar und Reidar sind die einzigen in ganz Norwegen, welche die Label Rouge-Standards einhalten, und das hat sogar höhere Qualitätsanforderungen als das Bio-Siegel. (Solltet ihr also jemals norwegischen Label Rouge-Lachs gegessen haben, dann kam er von hier.)

Während beim Bio-Siegel zum Beispiel 50 Prozent der Nahrung aus dem Meer kommen muss, sind es beim Label Rouge-Label mindestens

Let me tell you about my boat – Mark Mothersbaugh

75 Prozent. Besatzdichte, Gesundheit, Wasserqualität, Produktionseffizienz (hier wird ein Kilo Nahrung benötigt, um ein Kilo Lachs zu erzeugen), jedes Detail wird genauestens überwacht. Gute Qualität hat ihren Preis. Der hier erzeugte Lachs kann verarbeitet später bis zu 62 € das Kilo verkauft werden. Dementsprechend, so die beiden Geschäftspartner, müsse es sich ja wohl um den besten Lachs der Welt handeln!

Kurz gesagt, Eldar und Reidar leisten gute Arbeit. Außerdem sind sie sehr sympathisch und gehen auf sämtliche unserer Fragen ein, insbesondere zur Kritik von Umweltschützern an der norwegischen Lachs-Industrie.

Anschließend laden sie uns in der Ferienanlage von Håholmen zu einer üppigem Portion nordischem *Bacalhau* ein, einem Stockfisch-Ragout mit Tomaten und Kartoffeln. Bei der Gelegenheit können wir unsere allerletzten Fragen loswerden, und sie gestehen uns, dass sie noch nie *gammelsaltet sei* gegessen haben. Es dauert nicht mehr lange, dann sind wir norwegischer als die Norweger!

Das Landesinnere

Von Trondheim nach Bodø

Mittlerweile sind wir drei Wochen auf den Straßen Norwegens unterwegs. Drei Wochen, in denen wir an den norwegischen Fjorden entlanggefahren sind, Tunnel durchquert haben, um unter Bergen hindurchzufahren, oder Berge hinaufgefahren sind, um ihre Pässe zu überqueren.

Drei Wochen, in denen wir uns wie in einer anderen Welt fühlten, in denen wir täglich ins Staunen gerieten angesichts der wilden Schönheit der Fjorde oder der idyllischen Küstenorte. Drei Wochen, die wie im Flug vergangen sind, und zugleich voller Entdeckungen waren, voller Momenten des Staunens, der Begegnungen, der glücklichen Zufälle ...

Drei Wochen, in denen wir den gesamten Südwesten Norwegens durchquert haben und den wir nun verlassen, um die lange Fahrt durch den schmalsten Landesteil in Angriff zu nehmen und uns nach und nach in Richtung Norden zu bewegen.

Wir hätten diese Gegend nicht extra angesteuert, sie liegt nun einmal auf unserem Weg, dennoch sind wir überzeugt, dass auch dieser Flaschenhals noch die eine oder andere gute Überraschung für uns bereithält. Landesinneres, wir kommen!

Bodø
Fauske
Mo i Rana
Mosjøen
Nightspot
ondheim

Trondheim

Als wir Trondheim erreichen, liegt das Norwegen der Fjorde definitiv hinter uns. Damit geht ein Kapitel zu Ende! Um diesen Wechsel klarzumachen, beschließen wir, uns eine kleine Auszeit zu gönnen und dem urbanen Luxus zu frönen. Anders gesagt, wir wollen uns nicht nur die Stadt anschauen, sondern leisten uns darüber hinaus einen Kinobesuch!

Als große Kinofans können wir in der Tat schlecht widerstehen, als wir zufällig vor einem Kino in der Stadtmitte landen. *Mission: Impossible – Fallout* war gerade angelaufen, und da große Teile des Films in Frankreich und in Norwegen gedreht worden sind, war unsere Entscheidung schnell getroffen. Dazu muss man sagen, dass im Gegensatz zu der in Frankreich leider üblichen Praxis in Norwegen die allermeisten Filme im Original laufen. So können die Norweger ihre Englisch-Kenntnisse vervollkommnen, und wir, die wir die Landessprache nur sehr bruchstückhaft beherrschen, profitieren auch davon.

Natürlich belassen wir es nicht bei einem Kinobesuch (selbst wenn der Film ziemlich gut war), und auch nicht bei einem ausgezeichneten Burger bei Bror, mit einem nicht minder schmackhaften lokalen Bier dazu, sondern nehmen uns die Zeit, durch das lebhafte, aber nicht überfüllte Stadtzentrum zu laufen, die gotische Kathedrale zu bewundern (sehr selten in Norwegen), aber auch die alten Kais mit ihren bunten Häusern, die unumgängliche *Gamle Bybro* (übersetzt »alte Brücke«), und zu guter Letzt Solsiden, die früheren Docks, wo sich heute in den alten Lagerschuppen zahlreiche Bars und Restaurants befinden.

♫ *Dreams – Fleetwood Mac*

Die drittgrößte Stadt Norwegens hat eine Fülle von Sehenswürdigkeiten zu bieten, aber wenn wir nur eine einzige herausgreifen dürften, dann wäre das sicher der Ort, an dem wir am zweiten Tag unser Büro aufgeschlagen haben: Das sehr durchgestylte und sehr alternative Ladekaia.
Freizeit, Kultur, Spaziergänge und Arbeit, unsere beiden Tage in Trondheim sind gut gefüllt.

Lieblingsorte

Ladekaia

Leiv Eirikssons vei 42, 7040 Trondheim

Das außerhalb der Stadt am äußersten Ende der Halbinsel Lade liegende ehemalige Arsenal aus dem Zweiten Weltkrieg ist ein architektonisches Schmuckstück. Es wurde wunderbar umgebaut, renoviert und eingerichtet und bietet außerdem einen tollen Blick auf das oft bewegte Wasser des Trondheimsfjord. Ihr findet dort Gebäck aller Art, Aufschnitt- und Käseplatten, belegte Brote, Salate, Eis ... Die Angebotspalette ist relativ groß und die Qualität der Produkte in der Regel auch. Dementsprechend ist das Ladekaia bei Einheimischen sehr beliebt, die dort gerne nach einem ausgedehnten Spaziergang an der Küste einkehren, um sich zu stärken.

Bror Bar & Restaurant

Olav Tryggvasons Gate 29, 7011 Trondheim

Das im Herzen der Stadt und vor allem in der Nähe des Kinos gelegene Bror ist auf Burger, Bier und Tacos spezialisiert, der Veggie Burger ist zum Niederknien! Die Einrichtung im Industrial Style verleiht dem auch bei Einheimischen sehr geschätzten Lokal zusätzlich eine besondere Note.

Café Løkka

Dokkgata 8, 7014 Trondheim

Direkt neben Solsiden, den ehemaligen Docks, haben wir hier einen Halt eingelegt, um die Milchshakes zu probieren, die sich allgemein großer Beliebtheit erfreuen.

Angekommen in Nordland

Von Trondheim nach Bodø kommt man eigentlich am besten über die Route 17, auch unter ihrem Spitznamen *Kystriksveien* bekannt, wir bleiben lieber bei »Route 17«. Puristen und Fans von Naturschauspielen der Extraklasse würden sicherlich diese Route wählen. Wir jedoch entscheiden uns bei der Aussicht auf eine fünfzehnstündige Fahrt zumindest vorerst für die E16.

Wir rasen also in Richtung Bodø und fahren dabei unter einem großen Bogen hindurch, auf dem »Nord-Norge« steht. Nur zur Erinnerung, unsere Norwegisch-Kenntnisse sind äußerst rudimentär, aber so viel verstehen wir: Wir haben den Süden hinter uns gelassen.

Leider ging das zu schnell, um ein Foto zu machen, und umdrehen ist an dieser Stelle unmöglich. Die E6 ist zwar nur zweispurig, aber trotzdem eine Hauptverkehrsstraße.

Nun haben wir zwar den Bogen über der Straße verpasst, aber dafür begrüßt Nordland uns mit einem wunderbaren Regenbogen, er ist wirklich außergewöhnlich schön. Die Farben sind so intensiv, dass man meint, ihn fast berühren zu können.

Wir warten auf einen ruhigen Streckenabschnitt, um ein Foto zu machen, und die Welt ist wieder in Ordnung. Willkommen in Nordland!

Nightspot

65° 20' 16.1" N | 13° 21' 30.9" E

Trofors

Die Route 17 muss warten, man kann auch noch später auf diese Route stoßen und dafür die Gegend abseits davon erkunden.

Zu unserem Glück gelangt man von der E6 aus ebenfalls zu ein paar wunderbaren Orten, dafür muss man nur mal von der Autobahn abfahren, auf Waldwege, die direkt von dort abgehen. Ja, tatsächlich haben unsere und norwegische Autobahnen nicht besonders viel gemein.

Auf die Weise gelangen wir auch zu unserem Schlafplatz in der Nähe von Trofors, mitten in der Natur gelegen, so wie wir es lieben. Ein Seeufer im Wald, ein kleiner, von Blicken und Lärm gut abgeschirmter Rastplatz.

Es ist himmlisch ruhig, und dann bricht abends auch noch die Sonne durch die Wolken, sodass wir einen kleinen Aperitif direkt am See improvisieren, mit Räucherlachs, Flatbrød, Butter und ein paar lokalen Bieren, die wir in Trondheim gekauft haben. Wieder einmal haben wir den Vorteil, wenn der Abend zu Ende ist, uns nicht noch ans Steuer setzen zu müssen, um nach Hause zu kommen.

Hier könnte man direkt ein paar Tage bleiben!

Silver – Caribou

In den Nachtmodus wechseln

Wenn wir an einem Nightspot ankommen, fahren wir als Allererstes das Pop-up-Dach von Lagertha aus, sodass wir innen mehr Höhe und mehr Platz haben. Der Marco Polo hat, wie andere kompakte Vans auch, seine Stärken und seine Schwächen. Er ist wendig, passt überall durch, sodass man auf der Fähre keinen Aufpreis bezahlen muss, die Deckenhöhe ist im Normalzustand jedoch recht niedrig. Aber ist das Dach ausgefahren (das geht ganz einfach, man muss nur eine Taste drücken, und es fährt sich aus), ändert sich dadurch alles! Man kann sich viel einfacher von A nach B bewegen und an manchen Stellen richtig ausstrecken, sogar wenn man zwei Meter groß ist.

Wir haben uns sehr schnell dafür entschieden, da wir nur zu zweit sind (plus einhalb, sorry, Nel!), nachts den oberen Schlafplatz zu benutzen. So können wir, bis wir ins Bett gehen, unser »Wohnzimmer« (Tisch und Sitzbank) ohne Einschränkung nutzen, und müssen nichts mehr auseinanderklappen, wenn das Bett ruft. Wenn man fast täglich sein Lager an einem anderen Ort aufschlägt, ist man froh, wenn man sich dieses Hin und Her ersparen kann.

Wenn jedoch ein heftiger Wind bläst, es draußen eiskalt ist oder man weniger auffallen möchte (zum Beispiel bei einer Übernachtung in der Stadt), kann man das Aufstelldach selbstverständlich auch geschlossen halten und im unteren Bereich zwei Schlafplätze einrichten. Dafür muss man nur seinen ganzen Kram vom hinteren Teil des Vans auf die Vordersitze räumen, das erfordert ein wenig Organisation, aber dafür hat man es dann echt gemütlich.

Noch ein Rat an fortgeschrittene Van-Reisende: Es macht durchaus Sinn, ein Zelt mitzunehmen, das nur zur Unterbringung der Sachen dient, sodass man abends und nachts mehr Platz hat.

Mosjøen

Ein paar Kilometer nördlich von unserem letzten Nightspot befindet sich die kleine Stadt Mosjøen. Da wir gerade einmal eine halbe Stunde gefahren sind, ist das der ideale Ort für ein kleines Frühstück.

Dieses Mal handelt es sich ausnahmsweise nicht um ein Fischerdorf. Nein, Mosjøen ist zur Abwechslung mal ein Ort, der von Bauern gegründet wurde, als Handelsplatz. So weit zum Geschichtlichen.

Vor allem aber stellen wir fest, dass sich die Ortsmitte mit ihren alten Holzhäusern den Charme alter Zeiten bewahrt hat, insbesondere entlang der Sjøgata, der »Seestraße«, mit ihren vielen einladenden Cafés.

Schließlich legen wir im Umami eine kleine Pause ein, für ein Stück hausgemachten Kuchen und vor allem für den für Clémence so unverzichtbaren Latte am Morgen!

Morning – Beck

Die Route 17

Seit ein paar Tagen hat Nel einen kleinen Durchhänger. Als wir Mo i Rana erreichen, sind wir also etwas beunruhigt. Das kann unser eingeschworenes Team nicht wirklich erschüttern, aber die Sorge ist doch so groß, dass wir uns an die Dyreklinik von Mo i Rana wenden. Sie nehmen uns netterweise als Notfall dran, wir können sie hiermit nur empfehlen.

Nachdem unsere Sorgen sich als unbegründet erwiesen haben, verlassen wir die E6, um uns endlich der Küstenstraße 17 anzunähern, der berühmten *Kystriksveien*. Diese Strecke erinnert uns an die Route 44, nur in grüner, und, zumindest in unserem Fall, in sehr viel weniger sonnig.

Der August hat vor einer guten Woche begonnen, wir bewegen uns langsam, aber sicher gen Norden, und das strahlend schöne Juliwetter macht nach und nach einem deutlich trüberen Wetter Platz. Das nimmt den Orten, durch die wir fahren, nichts von ihrer Poesie, aber zugleich wird es immer schwieriger, trocken zu bleiben, wenn man den Van verlässt.

Wie Küstenstraßen das so an sich haben, führt auch die *Kystriksveien* von Ort zu Ort und Hafen zu Hafen, führt um kleine Berge herum und schlängelt sich an zahlreichen Fjorden entlang, es ist ein fortwährendes Vergnügen. Nicht ohne Grund ist diese Route eine der beliebtesten von ganz Norwegen.

Auch an naturbelassenen Stellen fehlt es entlang der Route 17 nicht, von den meisten kann man direkt auf den jeweiligen Fjord oder gleich aufs Meer schauen oder auf einen Gletscher. In unserem Fall ist diese Stelle eine Sackgasse, die zu einer kleinen Brücke führt. Während wir unseren Van abstellen, sehen wir, wie Kinder ihren Spaß dabei haben, von der Brücke ins Wasser zu springen, und das im Regen! Kurz haben wir Lust, es ihnen gleich zu tun, aber im Gegensatz zu diesen charmanten kleinen Jungs und Mädchen haben wir keine Dusche, um uns nach dem Baden aufzuwärmen. Dann eben nicht!

♫ *Dirty Paws – Of Monsters and Men*

Der arktische Polarkreis

Auf dem Hinweg

Bevor wir »professionelle« Van-Reisende wurden, waren wir klassische Reisende. Zug, Flugzeug etc. Als wir das erste Mal in Norwegen waren, haben wir den Polarkreis überquert und ein paar Tage in Tromsø verbracht, von dort aus sind wir nach Spitzbergen geflogen.

Es war also ein ganz besonderes Erlebnis für uns, an diesen symbolträchtigen Ort zurückzukehren, zumal wir den genauen Moment des Übergangs dieses Mal bewusst würden erleben können.

Das verdanken wir der Tatsache, dass die Norweger die schlaue Idee hatten (bei wem können wir uns dafür bedanken?), auf der Höhe des Polarkreises weithin sichtbare Metallgloben aufzustellen. Auf der Route 17, oder vielmehr im Anschluss an sie, erlebt man den Moment des Übergangs auf der Mini-Fährüberfahrt zwischen Kilboghamn und Jetvik. Außerdem ist das eine hübsche Strecke, und man kann von der Fähre aus die Landschaft bewundern, an der wir uns einfach nicht sattsehen können.

Erster Halt im Inneren des Polarkreises: Bodø. An Bord von Lagertha ist die Spannung mit Händen zu greifen, weniger wegen des anstehenden Besuchs der Stadt, die nicht mit besonderem Charme aufwarten kann und für uns nur eine Durchgangsstation darstellt, als vielmehr wegen dem, was folgt.
Denn von Bodø aus wollen wir mit der Fähre zu den Lofoten übersetzen, einem der Höhepunkte unseres Norwegen-Trips. Nach ein paar Stunden können wir es nicht mehr abwarten und nehmen noch am selben Abend die Fähre.

Cold Little Heart – Michael Kiwanuka

Auf der Rückfahrt

Als wir uns wieder gen Süden wenden und am Ende unserer Reise angekommen sind, überschreiten wir den Polarkreis dieses Mal auf dem Festland, denn er verläuft quer über die E6 in südöstlicher Richtung des Saltfjelltet-Svartisen Nasjonalpark.

Das wäre die Gelegenheit, eine kleine Pause im Polarkreiszentrum einzulegen, das man hier errichtet hat, um den vielen vorhandenen Steinmalen ein weiteres hinzuzufügen. Oder eben auch nicht.

Das Zentrum ist nicht wirklich ein Must-See, aber die Route ist wunderbar. Man durchquert ausgedehnte, herbstlich eingefärbte Ebenen. Das Land zeigt sich vor unserem Abschied noch einmal von seiner schönsten Seite!

Die Inseln im Nordwesten

Lofoten & Vesterålen

So wie es mehrere Möglichkeiten gibt, von Frankreich oder von Deutschland aus nach Norwegen zu kommen, gibt es mehrere Möglichkeiten, vom norwegischen Festland aus die Lofoten zu erreichen. Eine davon ist eine Fahrt mit der Fähre von Bodø nach Moskenes, im Süden der Inselkette.

Nachdem wir uns einen Vormittag lang Bodø angesehen haben, können wir unsere Ungeduld nicht mehr zügeln, und schon sind wir auf der letzten Fähre des Tages, die zwischen 22.00 Uhr und 23.00 Uhr die Lofoten erreichen soll.

Zufällig machen wir auf der Fähre die Bekanntschaft von Alice und Alessandro, zwei italienischen Vanlifers, die mit ihrem kleinen *A Gipsy in the kitchen*-Team diesen Sommer ebenfalls eine Rundreise durch Norwegen machen. Wir verstehen uns auf Anhieb und verabreden ein erneutes Treffen auf der Inselkette.

Während es langsam dunkel wird und die Fähre ihrem Weg folgt, zeichnen sich endlich die Lofoten am Horizont ab, schlaglichtartig erleuchtet von den Blitzen des Gewitters, das gerade mit dumpfem Grollen zu hören ist. Unsere Ankunft steht unmittelbar bevor, und auch wenn das Wetter nicht mitspielt, sind wir in unsere Begeisterung nicht zu bremsen!

Brensholmen
Gryllefjord
Andenes
Nightspot
Unstad
Austvågøya
Henningsvær
Ballstad
Hamnøy
Å
Bodø

Die Lofoten im Van

♫ *Weather Storm – Craig Armstrong*

Als wir mit der Fähre auf die Lofoten übersetzen, regnet es in Strömen, und die Dämmerung bricht gerade herein. Unter diesen Bedingungen hat es keinen Sinn sich umzuschauen, dementsprechend beschließen wir, uns gleich auf die Suche nach einem Nightspot zu begeben.

Leichter gesagt als getan! Denn auch wenn die eigentliche Hochsaison vorbei ist, sind wir nicht die Einzigen, die heute Abend übergesetzt sind. Da Lagertha immer wieder von heftigen Windstößen durchgeschüttelt wird, bleibt uns nichts anderes übrig, als nach einer pragmatischen Lösung zu suchen. So verbringen wir denn unsere erste Nacht dort geschützt – in diesem Fall ein sehr relativer Begriff – auf einem kleinen asphaltierten Parkplatz, zwischen zwei Wohnmobilen. Doch durch den Wind und Regen draußen fühlen wir uns im Inneren unseres gemütlichen Vans nur umso geborgener.

Aber, um euch vorzuwarnen, es ist sehr schwierig, auf der Inselkette ein einsames Plätzchen zu finden. Einerseits weil die Lofoten nun einmal ein Touristenmagnet sind, auch außerhalb der Saison, und andererseits wegen ihrer besonderen Topografie. Nur um euch eine ungefähre Vorstellung zu geben: Stellt euch vor, die Pyrenäen würden unter 2000 Meter tiefem Wasser liegen und nur die Bergspitzen würden herausragen. Es gibt also nur wenige ebene Plätze, die frei sind, nur wenige Straßen, da ist die Auswahl nun einmal sehr begrenzt.

Außerdem hielten die norwegischen Behörden es für ratsam (man kann es ihnen kaum verdenken), die Inselkette zu schützen, indem sie das Campen an bestimmten Stellen untersagt haben. Man muss also nachts mit den vorhandenen Plätzen vorliebnehmen. Aber keine Sorge, am Tag kann man das alles wieder ausgleichen!

Von Å nach Hamnøy

Lofoten, los geht's! Als wir in Moskenes ankommen, gelangen wir schnell zu dem Schluss, dass es am sinnvollsten ist, die Lofoten von der Süd- bis zur Nordspitze zu erkunden. Wir beginnen unsere Inseltour also in Å, das seinen Namen im Übrigen seiner geografischen Lage verdankt: Das ist nämlich der letzte Buchstabe im norwegischen Alphabet.

Nach einem kleinen Ortsrundgang setzen wir die Fahrt zu einem anderen Dorf ganz in der Nähe fort, von dem wir schon seit Jahren träumen: Reine. Wie fast alle Dörfer in dieser Gegend ist Reine ein ehemaliger Fischerort, der inzwischen hauptsächlich vom Tourismus lebt. Hier, wie überall auf den Lofoten, wurden die Fischerhütten, die berühmten *rorbu* (im Plural *rorbuer*) in Ferienhäuser umgewandelt. Das tut dem Charme des Ortes aber keinen Abbruch. Reine, das an einer kleinen Bucht liegt, ist ein paradiesisches Eckchen, in dem eine himmlische Ruhe herrscht, die wir von der Terrasse des Café Bringen aus genießen.

Reine ist darüber hinaus ein ausgezeichneter Ausgangspunkt für Outdoor-Aktivitäten aller Art: Bootsfahrten, Kajakfahrten etc. Oder eben für Spaziergänge. Bei der Gelegenheit muss erwähnt werden, dass der berühmte *Reinebringen* kein eigentlicher Wanderweg ist. Der Weg ist nicht gesichert, ist von Jahr zu Jahr in einem schlechteren Zustand, da er dem Ansturm nicht gewachsen ist und einige Spaziergänger sich ihre eigenen Pfade suchen, an manchen Stellen ist er sogar gefährlich. Auch wenn wir gerne die Aussicht von dort oben genießen würden, verzichten wir also auf den Aufstieg.

Wir setzen unseren Weg in Richtung Norden fort und machen einen guten Kilometer weiter

♫ *The Night We Met – Lord Huron*

auf der kleinen Insel Hamnøy halt. Dort, bei einer Fotopause, erleben wir unseren glücklichen Zufall des Tages.
Während Clémence von einer Brücke aus nach der richtigen Bildeinstellung sucht, entdeckt sie weiter unten einen Angler, der ihr bekannt vorkommt. Es ist niemand anderer als Alessandro, der mit eher mäßigem Erfolg versucht, für Alice und sich etwas fürs Abendessen zu angeln. Unsere italienischen Freunde haben sich tatsächlich für eine Nacht das Fischerhäuschen gemietet, das Clémence gerade aufs Foto bannen will. Die Welt ist klein, und die Lofoten sind es erst recht.

Nachdem wir uns für abends in einem Restaurant verabredet haben, kehren wir um und fahren nach Sakrisøya, das nur einen Steinwurf entfernt ist. Dort beschließen wir, den Nachmittag über zu arbeiten, an einem Tisch des Cafés/Restaurants/örtlichen Lebensmittelladens Anita's Seafood. Nachdem wir ein paar Stunden lang Fotos bearbeitet und Texte geschrieben haben, ist es bereits Zeit für das Treffen mit unseren Freunden.

GALLERI
EVA HARR

Lieblingsorte

Bakeriet på Å

880, E10, 8392 Sørvågen

Die berühmte kleine Bäckerei von Å, in der es köstlich duftet nach einer Mischung aus warmem Brot, Zimtschnecken, Mandelstangen ... Sie wird allseits geschätzt, und entsprechend voll ist der Laden meistens. Unser Tipp: So früh wie möglich hingehen!

Bringen Kaffebar

8390 Reine

Um den Ausblick auf den Hafen und seine Umgebung zu genießen, aber auch wegen ihrer Kuchen, von denen einer verführerischer ist als der andere!

Anita's Seafood

Sakrisøya, 8390 Reine

Es liegt auf der kleinen (wirklich winzig!) Insel Sakrisøya, deren gelbe Häuschen schon von Weitem leuchten. Anita's Seafood ist eine Mischung aus allem Möglichem: Die Rezeption für die rorbuer, ein Geschäft für Lebensmittel und lokale Produkte, Café, Bar, Restaurant ... und in unserem Fall unser Büro für einen Tag. Da es an der einzigen Straße liegt, die das Archipel durchquert, kommt man unweigerlich daran vorbei. Das macht sich an den Preisen bemerkbar, aber man ist nicht verpflichtet, etwas zu kaufen. Wir empfehlen euch also wärmstens, einen kleinen Stopp bei Anita einzulegen, und sei es nur um ihre Lampen zu bewundern!

A Gipsy in the Kitchen

Das Wort des Tages ist Serendipität. Damit ist die Kunst gemeint, vollkommen zufällig eine bahnbrechende Entdeckung zu machen (normalerweise auf dem Gebiet der Wissenschaft). Zum Beispiel die Entdeckung des Penizillins durch Alexander Fleming, um euch ein bekanntes Beispiel zu nennen.

Für uns ist es die Begegnung mit Alice und Alessandro (nicht zu vergessen ihre Hunde Brie und Baku), auch bekannt unter dem Team-Namen A Gipsy in the Kitchen. Wir hatten sie in der Warteschlange zur Fähre kennengelernt, uns während der Überfahrt schnell angefreundet und unsere Nummern getauscht mit dem Plan, uns irgendwo auf einer Insel zu treffen. Das Wiedersehen ergab sich dann viel schneller als gedacht.

Alice betreibt ein Restaurant in Mailand, wenn das Paar nicht gerade auf einem Roadtrip ist. Wir überlassen ihnen gerne die Wahl des Restaurants für den Abend, in diesem Fall Maren Anna, nicht weit von Å. Ein ausgezeichnetes Lokal, in dem alles hausgemacht wird, bis hin zum Brot. Die Waffeln mit Zimt sind zum Niederknien. Da hatte die Frau vom Fach wohl den richtigen Riecher!

Auch jenseits vom Essen verbringen wir einen supertollen Abend mit unseren neuen Freunden. Obwohl wir uns erst vor gerade mal 24 Stunden begegnet sind, haben wir das Gefühl, uns bereits seit Jahren zu kennen. Wir begeben uns also gemeinsam auf den Heimweg, und beschließen auf dem Parkplatz ihres rorbu zu übernachten, sodass wir am nächsten Morgen zusammen frühstücken können. Da machen wir eine neue Entdeckung: Sogar ein einfaches Rührei schmeckt anders, wenn es von einer Köchin zubereitet wird.

Wir springen noch schnell unter die Dusche, und dann ist bereits der Moment zum Abschiednehmen gekommen, verbunden mit dem Versprechen, sich möglichst bald wiederzusehen, sei es in Norwegen, Italien oder Frankreich.

♫ *One of These Things First – Nick Drake*

Lofoten diving

An unserem zweiten Tag auf den Lofoten bekommt unsere Begeisterung einen kleinen Dämpfer verpasst. Wir hatten mehrere Wanderungen in der engeren Wahl, aber der Himmel ist bereits in 100 Metern Höhe wolkenverhangen, und es regnet ununterbrochen. Also wird es nichts mit der schönen Aussicht.

Unser Plan B fällt leider auch sehr schnell ins Wasser: Kurzfristig ein freies *rorbu* zu finden, erweist sich als ein Ding der Unmöglichkeit. Also wird es nichts mit der Idee, heute mit Blick aufs Wasser im Warmem zu arbeiten. Schließlich suchen wir Zuflucht in einem Café in Leknes, wo wir dann mehr schlecht als recht an unseren jeweiligen Projekten arbeiten. Da wir in den letzten Tagen wenig gefahren sind, müssen wir auch die Batterie des Van ein wenig schonen.

Am späten Nachmittag dann gibt es endlich einen Lichtblick. Nicht am Himmel, nein, aber in unserem Instagram-Postfach. Dort werden wir von Lofoten Diving kontaktiert, das nicht weit von uns in Ballstad seine Basis hat und uns zu einem Schnorchelausflug am nächsten Tag einlädt. Wir sind beide noch nie getaucht und kommen dem Angebot mit Vergnügen nach!

Nachdem wir eine Nacht an der Küste verbracht haben, werden wir von Daniel in Empfang genommen, unserem Lehrer und nebenbei auch Inhaber von Lofoten Diving. Er gibt uns in einem kleinen Klassenraum, der mit zahlreichen Socken geschmückt ist (ein wichtiges Detail), ein kurzes Briefing, bevor er uns hilft, den richtigen Anzug überzuziehen, mit dem wir die Flora und Fauna der Fjorde erkunden können, ohne in dem nur 14 Grad kalten Wasser zu frieren. Es gibt zwei unterschiedliche Tauchanzüge, je nachdem, welchen Komfort man möchte. Maske, Schnorchel, Flossen, und es kann losgehen.

Wir verbringen eineinhalb Stunden damit, uns die Weichkorallen anzusehen, die Seesterne, die Taschenkrebse, die Seeigel und unendlich viele verschiedene Fische. Wer Glück hat (wenn man das denn als Glück betrachtet), trifft vielleicht sogar auf Orkas! Zwar sieht man hier nicht so bunt schillernde Fische wie in tropischen Gewässern, aber das Schnorcheln in Norwegen ist ein absolut erfrischendes Erlebnis. Keine Sorge, man kann bei Lofoten Diving anschließend auch noch eine warme Dusche nehmen, um sich aufzuwärmen. Keine Nebensächlichkeit, wenn man im Van unterwegs ist.

Nachdem wir uns abgeduscht haben, wird es Zeit, das Rätsel der Socken-Wand aufzuklären, das erfordert natürlich eine gewisse Recherche! Also kurzum, wir fragen Daniel, was es eigentlich damit auf sich hat. Der Slowake, der sich, als er 2008 hierherkam, auf Anhieb in das Land verliebte, nimmt es schlicht auf sich, zweimal im Jahr einen Teil des Meeresbodens zu säubern, und diese Aktion finanziert er mit dem Verkauf von bunten Socken. Wir ziehen also mit zwei Paar bunten Socken von dannen, und mit dem befriedigenden Gefühl, etwas in eine gute Sache investiert zu haben!

Lofoten Diving x Villa Ballstad

Skarsjyveien 67, 8373 Ballstad

Tauchschule, Schnorchel- und Kajaktouren für alle Niveaus, stunden- oder tageweise, und es gibt dort sogar ein *rorbu*, das Paare, Familien oder Freundesgruppen anmieten können.

Quintessence – Theodore Shapiro

Lofoten, ein Paradies für Wanderer

Wir haben es oft genug gesagt, und dennoch haben wir das Gefühl, dieses alles beherrschende Thema nur gestreift zu haben: Diese Inselkette ist von übernatürlicher Schönheit. Man muss das mit eigenen Augen gesehen haben, um es zu verstehen. Aus diesem Grund liegt es nahe, eine Wanderung zu unternehmen, auf der man die einmaligen Panoramen genießen kann, welche die Lofoten zu bieten haben.

Wir kommen leider nicht in den Genuss einer solchen Wanderung. Unser Programm ist ziemlich straff, und jedes Mal wenn wir überlegen, eine kleine Tour zu unternehmen, macht uns das Wetter einen Strich durch die Rechnung. Wir müssen also zu unserem Bedauern auf Meeresniveau bleiben. Die Berge sind dann nächstes Mal dran! Aber da wir dazu einige Recherche betrieben hatten, hier ein paar Wandertouren, die uns ins Auge gefallen sind.

Für alle, die mit der Familie unterwegs sind (einfaches Niveau):

• zum Gipfel des Nordlandsnupen, Værøya. Ein Weg von insgesamt 4 km Länge (3 Stunden), der leicht zu laufen ist. Man gelangt auf eine Höhe von 457 Metern ü. d. M. und hat einen wunderbaren Blick auf die Südspitze der Insel Moskenesøya. Die kleine Insel Værøya erreicht man von Moskenes aus mit der Fähre.

• zum Gipfel Varden (zu deutsch »Steinmännchen«). Ein Weg von insgesamt 5,6 km Länge (3–4 Stunden), 578 Meter ü. d. M., der an mehreren kleinen Seen vorbeiführt. Vom Varden aus hat man einen wunderbaren Blick auf die Lofoten.

• Gipfel des Hellostinden, Vestvågøya, eine etwas längere Wanderung, 8,5 km (4-5 Stunden), diese luftige Tour bietet von Anfang bis Ende eine Fülle wunderbarer Ausblicke. Der Blick auf Austvågøya, wenn man da ist, lohnt die Mühe allemal!

Für geübte Wanderer (mittleres Niveau):

• Strand von Kvalvika und Gipfel des Ryten. Ein sagenumwobener Wanderweg der Lofoten zum schönsten Strand der Inselkette (Kvalvika, »der Strand mit den Walen«), eine Wanderung von 10 km (5 Stunden), der höchste Punkt liegt 270 Meter ü. d. M. (540 Meter, wenn man sich entschließt, den Ryten zu besteigen, dann dauert die Wanderung 2 Stunden länger). Am Strand von Kvalvika ist Ruhe garantiert, er ist nur zu Fuß erreichbar!

• der Gipfel des Middagstinden, Vestvågøya. Eine Wanderung von knapp 9 km (3–4 Stunden), um den 694 m hoch gelegenen Gipfel zu erreichen. Zu großen Teilen ein Kammweg, der spektakuläre Ausblicke bietet.

• Gipfel des Kvittinden, Austvågøya, insgesamt 9,3 km zu laufen (4–5 Stunden) und eine Höhe von 694 m. Hier geht es teils über unbefestigte Wege, eine eher klassische Bergtour zwischen Kämmen und Seen hindurch.

Für die Profis unter euch – da hört der Spaß auf (anspruchsvolles Niveau):

• Gipfel des Himmeltinden, Vestvågøya, ungefähr 5 Stunden Aufstieg, 7,7 km zu laufen, um den 923 Meter hoch gelegenen »Gipfel des Himmels« zu erreichen. Vom Strand bis zum Gipfel genießt man ein Rundum-Panorama auf Vestvågøya!

• auf den Kangerurtinden, Vestvågøya. Eine Tour auf unbefestigtem Gelände, da es im Grunde keinen richtigen Weg gibt (bitte Rücksicht auf die Umwelt nehmen). Der Weg dauert nur 2–3 Stunden, es sind nicht mal 5 km, aber dafür hat er es in sich, und der höchste Punkt liegt 702 Meter ü. d. M.

• Hochplateau von Hellsegga, Moskenesøya, richtet sich vor allem an Puristen, der Startpunkt ist nur per Boot oder Kajak vom Meer aus erreichbar. Ein Rundweg von 7 km Länge, der sich in 5–6 Stunden zurücklegen lässt, der höchste Punkt liegt 614 Meter ü. d. M. Ein ganz besonderes Abenteuer, wenn man das Plateau erreicht, hat man das Gefühl sich in einer anderen Welt zu befinden.

Unstad Arctic Surf

Auf die simple Frage: »Was assoziiert man mit Norwegen?«, haben wir bereits geantwortet: Lachs (naheliegend), Erdbeeren (weniger naheliegend), und nun antworten wir: surfen (noch weniger naheliegend). Wir hatten das vor unserer Abreise recherchiert, und wie der Zufall es will, gibt es auf den Lofoten die am nördlichsten gelegene Surfschule der Welt, und die war so nett, uns zu einer Surfstunde in den arktischen Gewässern einzuladen.

Wenn man sich schon zum ersten Mal auf ein Surfbrett wagt, warum dann nicht gleich in einem außergewöhnlichen Umfeld? Als wir an besagtem Ort in Unstad eintreffen, können wir nur noch einmal bekräftigen, dass unsere Erwartungen mehr als erfüllt werden: Die Surfschule liegt abgeschieden hinter Bergen, die Bucht ist einfach nur atemberaubend, die Landschaft von wilder Schönheit und wunderbar still. Auf der einen Seite Berggipfel, auf der anderen das Meer. Es ist schlicht unbeschreiblich.

You & Me (Flume Remix) – Disclosure

Dort treffen wir Tommy, der seit 2003 zusammen mit seiner Frau Marion die Surfschule leitet.

Er ist ein norwegischer Surfer wie aus dem Bilderbuch (vorausgesetzt man weiß, dass es in Norwegen Surfer gibt!), groß, blaue Augen, blond. Und er liebt Katzen. Sogar Nel ist seinem Charme erlegen!

Wir verabreden, unsere Surfstunde auf den nächsten Tag zu verlegen, da es heute keine Wellen gibt, und nehmen Vorlieb mit dem Café des Campingplatzes und Marions berühmten *cinnamon rolls*, die so viel Butter enthalten, dass wir fürchten, am nächsten Tag vielleicht nicht vom Fleck zu kommen, aber dieses Risiko nehmen wir in Kauf, sie sind schlicht köstlich!

Nach einer Nacht auf dem Campingplatz nimmt Myrtille sich unserer an, unsere französische Surflehrerin. Sie gibt uns eine kurze Basis-

einführung, es klappt zwar nicht gleich wie am Schnürchen, aber immerhin gelingt es uns beiden mehrmals, auf dem Brett stehen zu bleiben und bis zum Strand zu surfen!

Dabei ist Clémence deutlich erfolgreicher. Aber soweit ich weiß, sind 110 kg schwere Surfer auch eher die Ausnahme.

Es ist auf jeden Fall wahnsinnig aufregend, und uns wird klar, welch einzigartigen Momente wir hier erleben. Und das in Landschaften von schier unbeschreiblicher Schönheit! Wieder erleben wir so einen Bucket-List-Moment: Surfen am Polarkreis, wir haben es getan!

Unstad Arctic Surf

Unstadveien 105, 8360 Bøstad

Und wenn man angewiesen ist auf eine gute Mobilfunk- und Internetverbindung (und/oder arbeiten möchte)?

Seit 2017 zahlt man für Telefonieren und Surfen mit 4G innerhalb Europas keine zusätzlichen Roaming-Gebühren mehr (jeder Anbieter hat dafür jedoch andere Rahmenbedingungen, über die man sich vor seiner Abreise informieren sollte), und das gilt auch für ganz Norwegen. Wenn es also Probleme gibt, wird sich das nicht in einem Aufschlag auf eurer Rechnung bemerkbar machen, und ihr werdet auf jeden Fall die restliche Zeit gut erreichbar sein. Noch ein Vorzug, der nicht zu unterschätzen ist: Wenn ihr Netz habt, könnt ihr euer Handy als mobilen Hotspot für euren Rechner einsetzen.

Das bedeutet, man kann gemütlich in seinem Van sitzen und arbeiten, inmitten der Natur, mit freiem Blick auf einen Bergsee oder Fjord, und sich zwischendurch schnell mal einen Kaffee machen oder einen Keks schnappen.

Zumal man, wenn man in einem Campervan unterwegs ist, so oder so eine zusätzliche Batterie dabei hat, die sich bei jeder Fahrt neu auflädt, und mit der man, wenn man steht, dank der 12V (und/oder der 220V-Steckdose, je nachdem, was ihr für ein Van-Modell habt, oder ob ihr mit einem Stromkasten draußen verbunden seid), sämtliche technischen Geräte aufladen könnt. So lässt sich also das Nützliche ganz leicht mit dem Angenehmen verbinden.

Diejenigen unter euch, die nur ein begrenztes 4G-Volumen haben, können sich immer noch in ein Café oder Restaurant flüchten und (natürlich nur wenn ihr etwas verzehrt), dort das WLAN nutzen. Hinzu kommt, dass viele öffentliche Gebäude (Touristen-Information, Museen, Bibliotheken etc.) und sogar manche Einkaufszentren ihr Netz kostenlos zur Verfügung stellen.

Nightspot

68° 15' 54" N | 13° 35' 28" E

Unstad

Unstad ist keine Ausnahme von der Regel: Auf den Lofoten sind die Möglichkeiten, wild zu campen, begrenzt, deutlich begrenzter als im übrigen Land. Dennoch gibt es in der Bucht zwei mögliche Lösungen für dieses Problem.

Die erste besteht darin, der Einfachheit halber eine Nacht auf dem Campingplatz von Tommy und Marion zu verbringen, den beiden Inhabern der Surfschule. Dazu müssen wir gleich vorwegschicken, dass die Übernachtung teuer ist, sie kostet 600 NOK (also über 60 €). Dafür hat man freien Zugang zu den Sanitäranlagen, zu einer großzügigen Küche mit angeschlossenem Essraum, mehreren Saunen, einem nordischen Badezuber im Freien, einer Skateboard-Rampe und kann eines der 20 Fatbikes nutzen. Außerdem ist das Café-Restaurant auf dem Campingplatz sehr gut, und dann wären da noch die *cinnamon rolls*!

Die zweite Lösung ist weniger kostspielig, kostet um die 100 NOK (etwa 10 €), aber dafür hat man auch keinerlei Infrastruktur, es sei denn man zählt den Mülleimer mit. Es handelt sich schlicht um einen Stellplatz für Wohnmobile am Strand. Eine Lage, die einiges für sich hat.

Zeit für die Familie!

Als wir unseren Lieben erzählt haben, dass wir für den zweiten Band von *Drive Your Adventure* ausgewählt worden waren, haben sich natürlich alle für uns gefreut, wirklich alle. Vincent, ein Cousin von Clémence, hat sich nicht einfach nur gefreut, er war so dermaßen begeistert, dass er sich gleich Tickets für Flugzeug, Fähre und Bus gekauft hat, um zwei Tage mit uns auf den Lofoten zu verbringen. Echt verrückt, dieser Vincent!

Eines schönen, verregneten Morgens machen wir uns also auf den Weg, um diesen ausgemachten Weltenbummler zu treffen. Da wir in der Regel keine halben Sachen machen, nehmen wir uns die Zeit für einen großen Umweg, um noch in den Genuss der wunderbaren Aussicht zu kommen, die man von der Route 815 aus hat. In der Nähe vom Busbahnhof von Svolvær trinken wir dann gemeinsam einen Kaffee und tauschen die neuesten Nachrichten aus, und schon geht's weiter zur Besichtigung des kleinen Dorfes Henningsvær. Dieser kleine Hafen, einer der beliebtesten der Inselkette, verdankt seine Berühmtheit seiner

ungewöhnlichen Lage: Er wurde nämlich auf vorgelagerten Inseln errichtet und ist über eine Brücke mit der Hauptinsel verbunden. Der begrenzte Platz hat die Bewohner nicht daran gehindert, am äußersten Ende der Hauptinsel einen Fußballplatz anzulegen. Wo ein Wille ist, ist auch ein Weg!

Dann fahren wir gemeinsam zur Insel Gimsøya, und halten auf dem Weg bei jeder Gelegenheit an. Mal an einem Strand, mal am Straßenrand, um ein Kunstwerk in der Natur zu bewundern, das mitten im Nichts steht, und dabei möglichst viele Fotos zu machen, obwohl es unaufhörlich regnet.

Schließlich bewegt das schlechte Wetter uns zum Umdenken, und wir beschließen, eine Lodge im Norden von Gimsøya zu mieten, bei Lofoten Links Lodges, dort unser Mittagessen einzunehmen und zu übernachten. Da wir nun einmal keine Ausflüge machen können, nutzen wir die Gelegenheit, unsere Wäsche zu waschen und am Abend eine Runde Karten zu spielen.

Delicate – Damien Rice

Nachdem wir Gimsøya umrundet haben, ist Austvågøya dran, die größte Insel der gesamten Inselkette. Damit ist unser kleines Viergrüppchen (Nel legt Wert darauf, mitgezählt zu werden) den zweiten Tag beschäftigt. Erneut erweisen sich die Landschaften entlang der FV888 als wahrhaft traumhaft. Mal erinnern sie an Kanada, mal an Südostasien ... die Lofoten in ihrer ganzen Schönheit!

Eins muss man uns lassen: Wir haben ein Händchen dafür, nette, kleine Cafés ausfindig zu machen, und können auch gleich den Preis für den besten Latte/die beste heiße Schokolade Norwegens vergeben (zumindest unter denen, die wir probiert haben). Er geht an Keans Beans in Laukvik! Ein Hochgenuss, zumal der Kaffee vor Ort geröstet wird.

Nach dieser Rundtour erreichen wir am Abend erneut Svolvær, wo Vincent später in den Bus steigen wird. Nachdem wir im Styrhuset Pub *Bacalhau* gegessen und ein paar Partien Karten gespielt haben, ist es nun an der Zeit, Auf Wiedersehen zu sagen. Das ist nicht der erste schwere Abschied dieser Tour, wie wir feststellen. Aber da wir Optimisten sind, sehen wir darin den Beweis für eine gelungene Reise!

Lieblingsorte

Lofoten Links

Tore Hjortsvei 389, 8314 Gimsøysand

Unter diesem Namen firmieren der Golfplatz, das Café/Restaurant, die Lodges, der Campingplatz, der Reiterhof etc. auf Gimsøya. Ihr könnt es euch denken, Lofoten Links sind hier schlicht allgegenwärtig.

Keans Beans

Laukvikveien 3, 8315 Laukvika

Ganz am Ende eines Hafens und in minimalistischem Look bietet Keans Beans warme Getränke aller Art an. Ein ganz großes Plus: Der Kaffee wird vor Ort geröstet, und man kann sich sogar ein Beutelchen davon mitnehmen.

Trevarefabrikken

Dreyers gate 72, 8312 Henningsvær

Es begann mit einer Gruppe von Freunden, begeisterten Wanderern, die 2014 den Sommer auf den Lofoten verbrachten. Sie verliebten sich in Henningsvær, und dank einer entscheidenden Begegnung (mit Sondre Justad, einem Insulaner, der ihnen den Tipp gab), beschlossen sie, ihre Ersparnisse zusammenzuwerfen und in den Kauf einer ehemaligen Fabrik zu investieren. Vier Jahre später erblickt Trevarefabrikken das Licht der Welt, ein bei Einheimischen beliebter Treffpunkt, der über eine Bar verfügt, ein Café, ein Restaurant, ein paar Zimmer, eine Sauna, einen Coworking Space, und an dem diverse Events stattfinden, wie Konzerte, Festivals, Yogakurse etc.

Wir mögen die ungezwungene Atmosphäre des Ortes, die behutsame Sanierung, durch die der einstige Fabrikcharakter bewahrt wurde, indem bestimmte Stil-Elemente übernommen wurden, eine gelungene Verbindung von Industrial Style und skandinavischem Design.

Vesterålen, die andere Inselgruppe

Die Lofoten-Inseln sind allgemein bekannt, das Vesterålen-Archipel hingegen ist eher noch ein Geheimtipp. Um einen Vergleich aus der Welt des Films zu bemühen, den jeder nachvollziehen kann: Wenn die Lofoten Batman sind, dann sind die Vesterålen Robin. Sie liegen direkt hinter den Lofoten, sind leicht erreichbar, stehen jedoch immer im Schatten der Lofoten, und zwar so sehr, dass sie ursprünglich gar nicht Teil unserer Route waren.

Wir haben uns offengehalten, ob wir die Inselgruppe besuchen, nach dem Motto, warum nicht, wenn wir die Zeit dazu haben? Und tatsächlich, als wir uns entscheiden müssen, ob wir auf dem Land- oder dem Wasserweg Richtung Norden fahren, haben wir die Zeit dafür.

Unsere Idee ist, zur Nordspitze des Archipels zu fahren, um in Andenes auf die dem Festland vorgelagerte Insel Senja überzusetzen. Das heißt, wir haben von Svolvær aus eine Strecke von 200 Kilometern zurückzulegen, quer über die Vesterålen-Inseln.

Auch auf die Gefahr hin, sich zu wiederholen: Diese Route ist mal wieder zauberhaft, zumal als das Licht durch die dicke Wolkendecke bricht, die seit einigen Tagen über uns hängt. Letztlich sind diese Inseln bei jedem Wetter schön, und der Regen liefert im Übrigen einen guten Vorwand dafür, hier und da eine kleine Pause einzulegen.

Aber es gibt auf den Vesterålen nicht nur gute Waffeln, sie haben auch sonst so einiges zu bieten. Die Tatsache, dass das Archipel so wenig bekannt ist, hat durchaus Vorzüge. So ist der Touristenandrang deutlich geringer als andernorts, es gibt weniger Verkehr, und man findet leichter einen Platz für die Nacht. Es lohnt sich also, einen Abstecher dorthin zu machen!

♫ *Tokka – Agnès Obel*

EP·194·TG

Die Inseln Senja und Kvaløya

Wir lassen ein wunderbares Archipel hinter uns, um auf zwei märchenhafte Inseln zu gelangen. Wir bleiben also im Thema, und das ist durchaus in unserem Sinn. Wenn man mit der Fähre im Hafen von Gryllefjord eintrifft, wird man von einem spektakulären Panorama begrüßt, ein kleiner Vorgeschmack auf das, was uns erwartet.

Die ersten Kilometer auf der Route 86, die später zur Route 862 wird, sind Teil einer der berühmten Panoramastraßen des Landes. Der Weg führt entlang der Küste unter drohend dunklen Wolken, welche der Landschaft eine ganz besondere Stimmung verleihen.

Die (leichte!) Melancholie, die uns überkam, nachdem wir die Inselgruppe verlassen hatten, macht schnell Begeisterung Platz, und schon bald ist das Stimmungsbarometer im Van dauerhaft auf »schön« eingestellt. Die »Überquerung« (wir verlassen die Küste eigentlich nie) der Insel Senja macht uns schier sprachlos. Diese Küstenstrecke ist eine weitere schöne Überraschung auf dieser an Überraschungen reichen Rundfahrt.

Eine zweite Fähre setzt uns dieses Mal am Hafen von Brensholmen auf Kvaløya ab, wörtlich übersetzt »die Insel der Wale«. Tatsächlich kann man entlang dieser Küste regelmäßig

diese faszinierenden Säugetiere beobachten. Wir haben an diesem Tag leider kein Glück. Aber nachdem wir diese kleine Enttäuschung verwunden haben, ist die Überquerung der Insel (dieses Mal kann man tatsächlich von einer Überquerung sprechen) nicht minder schön, und wir sehen endlich unser erstes Rentier!

Ein deutliches Zeichen dafür, dass wir uns nun im hohen Norden befinden. Aber damit nicht genug, kommt es auch noch zu einem Temperatursturz. Da bietet es sich an, im hinteren Teil des Vans, schön im Warmem, eine Suppe zu kochen.

Opening – Craig Armstrong

Den Abwasch machen

Zwei Schulen:

• Im Van, in der Spüle unter laufendem Wasser.
Vorteil: Praktisch, geschützt und mit Musikbegleitung
Nachteil: Damit leert sich der Frischwassertank und füllt sich der Schmutzwassertank.

• Draußen in einer Schüssel, in einem Bach oder mit Hilfe der kleinen Dusche auf der Rückseite des Vans.
Vorteil: Man hat bei dieser lästigen Aufgabe einen schöneren Ausblick und ausreichend Platz, um das Geschirr zu trocknen.
Nachteil: Sehen wir keinen, denn selbst wenn man vor einem Abwasch mit kaltem Wasser zurückschreckt, kann man das Wasser ganz einfach auf der Gasflamme erhitzen.

In beiden Fällen solltet ihr zu 100 Prozent biologisch abbaubares Spülmittel verwenden.

Unser Tipp: Marseiller Seife, die ist für alles zu gebrauchen!

Der Hohe Norden

Die Arktis

Es wird Zeit für uns, wieder aufs Festland zu fahren, nachdem wir auf den Archipeln und den Inseln Senja und Kvaløya Emotionen pur erlebt haben. Wir tun das nur schweren Herzens, aber *Drive Your Adventure* muss schließlich weitergehen. Sonst wird daraus am Ende nur Your Adventure. Dann können wir Lagertha auch gleich verkaufen und uns an ihrer Stelle ein *rorbu* zulegen, aber ich vermute mal, unsere Partner wären mit dieser Idee wohl kaum einverstanden ...

Diese Rückkehr auf Rentier-Gebiet bedeutet, dass wir das letzte Stück unserer Reise in Angriff nehmen, durch die nördlichste Region Norwegens. So wie wir es auch gemacht haben, als wir den Süden des Landes verlassen haben, beginnen wir den nördlichsten Teil der Reise in einem urbanen Umfeld, und zwar in Tromsø, der größten Stadt am Polarkreis.

Dieser Ort ist uns schon bekannt, weil wir ihn bereits vor einigen Jahren besucht haben. Von dort aus geht es dann weiter ins Unbekannte, in die Weite der Arktis.

Nordkapp
Trollholmsund
Lakselv
Nightspot
Kirkenes
rd
spot

Tromsø

This Year's love – David Gray

Es ist eine wahre Freude, Tromsø im Hellen zu erleben. Wir haben die Stadt im Dezember 2015 besucht. Um die Jahreszeit hielt es sich mit der Helligkeit doch sehr in Grenzen: Drei Stunden am Tag hatten wir Halbdunkel, den restlichen Tag völlige Dunkelheit.

Wir nutzen diese Rückkehr auf altbekanntes Terrain, um noch einmal in den Genuss des großartigen Frühstücks im Scandic Ishavshotel zu kommen. Dieses im Zentrum und am Wasser gelegene Hotel bietet sein Frühstücksbüfett auch Gästen von außerhalb an. Dort gibt es sowohl Süßes als auch Herzhaftes, von Obstsalat über Räucherlachs, Käse und norwegische Brotspezialitäten, bis hin zu Aufschnitt, gekochten Eiern, Müsliriegeln, einem reichhaltigen Kaffee-Angebot etc. Eins können wir garantieren: Danach ist man bis abends satt!

Bevor wir das Tageslicht genießen, erleben wir eine Besonderheit des Straßennetzes der Stadt, und das sind seine Tunnel, in denen es mehrere Kreisel gibt. Das kann einen ganz schön verunsichern, zumal wenn man sich darauf verlässt, dass das GPS einem den richtigen Weg anzeigt, denn das funktioniert im Untergrund sehr viel schlechter. Aber nachdem diese Schwierigkeit einmal überwunden ist, wird es wieder hell!

Manche Gebäude erscheinen einem im wahrsten Sinne des Wortes in einem ganz neuen Licht, wenn man sie im Hellen bewundern kann. Insbesondere die berühmte Eismeerkathedrale die aufgrund ihrer außergewöhnlichen Architektur des Öfteren in einem Atemzug mit der Oper von Sydney genannt wird. Die von Jan Inge Hovig entworfene, 1965 gebaute Kathedrale ist ein Wahrzeichen der Stadt. Oder auch die Bibliothek, ebenfalls ein moderner Bau mitten im Stadtzentrum.

Um den Tag ebenso schön zu beenden, wie wir ihn begonnen haben, und ebenso stilvoll, gehen wir in die Brasserie Mack, ehemals die nördlichste der Welt (diesen Rang macht ihr inzwischen die Svalbard Bryggeri in Longyearbyen streitig), und ihren Pub Ølhallen, dem ältesten der Stadt, von 1928.

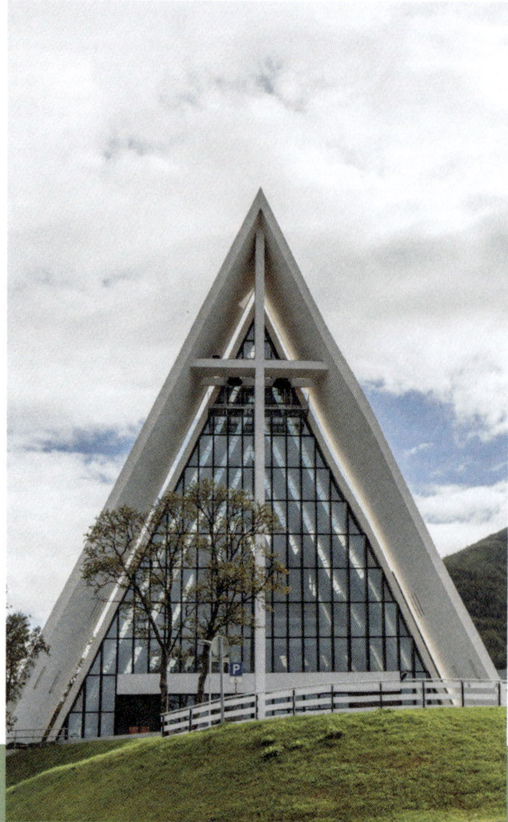

Auswärts essen, ohne zu viel Geld auszugeben

Wenn man im Van reist und insbesondere an trüben Tagen, wird man hin und wieder von der plötzlichen Lust auf ein Essen gepackt, das den üblichen Rahmen sprengt. Für den Fall, dass ihr euch also gerne »zu Tisch« begeben und dabei trotzdem euer Budget nicht überschreiten möchtet (vor allem in Norwegen), haben wir unseren kleinen Spezialtipp, das Ergebnis einer ausgedehnten Testreihe: Frühstück/Brunch im Hotel!
Dort kommt man nicht nur kulinarisch auf seine Kosten, kann süße und herzhafte landestypische Spezialitäten probieren (wenn man sich traut!), sondern es hat auch den großen Vorteil, deutlich weniger zu kosten als ein Essen im Restaurant, und man kann den ganzen Tag davon zehren.

Lieblingsorte

Ølhallen

Storgata 4, 9008 Tromsø

Der berühmte Pub Ølhallen der Macks Bryggeri ist der älteste Pub von Tromsø (1928). Dort findet man natürlich die besten Biere der Brauerei Mack (die nördlichste der Welt, wenn man Mikrobrauereien nicht mitzählt), aber nicht nur, denn der Pub bietet 70 Biere vom Fass aus dem gesamten Land an!

Scandic Ishavshotel

Fredrik Langes gate 2, 9008 Tromsø

Zentrale Lage, originelle Architektur, das Gebäude erinnert an ein riesiges Schiff, Design und Inneneinrichtung ganz nach unserem Geschmack, von den Zimmern aus ein unglaublicher Blick auf die Stadt, und von der Eingangshalle und dem Restaurant aus aufs Meer. Und natürlich ein Frühstücksbüfett, das einen umhaut!

Von Tromsø nach Øksfjord

Und schon sind wir auf unserem Weg in den hohen Norden! Ab Tromsø – eine Warnung an alle, die am Steuer sitzen – ist besondere Vorsicht geboten: Hier befindet ihr euch nämlich im Reich der Geweihträger, hier haben die Rentiere das Sagen. Als wir Senja durchquert haben, haben wir nur aus der Ferne einen Elch gesehen, aber seine kleinen Cousins, die Rentiere, sind sehr viel weniger scheu, die belagern auch gerne mal die Straße.

Unser Plan ist, nach Øksfjord zu fahren, von dort geht eine Fähre, die uns zu unserem nächsten Ziel bringt. Man kann zwar auch auf der Route 91 direkt Richtung Osten fahren, und den Ullsfjord und den Lyngenfjord per Boot überqueren, aber wir entscheiden uns dafür, auf der E8 einen Bogen um sie herum zu fahren und anschließend an den beiden Fjorden entlang.
Das hat den Vorzug, dass wir ein langes Teilstück des Weges den wunderbaren Blick auf die Lyngenalpen genießen können, ein Bergmassiv östlich von Tromsø, das auf der gleichnamigen Halbinsel liegt. Das Wetter ist auch wieder schön, insofern ist dieser Weg einfach nur grandios.

Die Straße führt mehr oder minder ununterbrochen am Wasser entlang, schlängelt sich in vielen Schleifen und Kehren bis nach Øksfjord, eine Tour, die fünf Stunden dauert, wenn man sie in einem durch fährt. Natürlich nicht einfach zu fahren, aber eine echte Augenweide.

Don't stop me now – Queen

Nightspot

69° 48' 17.4" N | 21° 00' 43.5" E

Storslett

Total gebannt von der Schönheit der Lyngenalpen und der Region generell, entscheiden wir uns, auf der Strecke von Tromsø nach Øksfjord einen Zwischenstopp einzulegen.

Da wir hier nicht auf unsere gewohnten Recherchemethoden zurückgreifen können, fahren wir aufs Geratewohl los, um einen idealen Platz für den Abend zu finden. Wir folgen engen Straßen auf der Suche nach einem ruhigen Plätzchen.

Das ist eine bewährte Methode, um mit etwas Glück den perfekten Spot an einer Straße zu finden, die in einen Feldweg übergeht, der sich als Sackgasse entpuppt. Da ist entsprechend wenig Verkehr, und wir können uns direkt ans Wasser stellen, in eine Haarnadelkurve. Damit sind unsere drei Hauptkriterien erfüllt: Es ist schön, ruhig und eben!

♫ *Going Up The Country – Canned Head*

KUNDEINFORMASJON

Auf zu den Samen!

Wenn man eine Rundreise in ein Land wie Norwegen vorbereitet, wird einem schnell klar, dass zwei Monate dafür ganz schön kurz sind. Dementsprechend muss man sich beschränken. Es gab jedoch ein Thema, das wir mittels *Drive Your Adventure* unbedingt ansprechen wollten, und das ist die Integration der Samen ins moderne Norwegen und mit welchen Herausforderungen sie zu kämpfen haben, bei dem Bemühen, sich ihre Lebensweise zu bewahren.

Doch dafür benötigten wir zuerst einmal einen Ansprechpartner. Das wäre womöglich ein ziemlich schwieriges Unterfangen geworden, wären wir nicht – das Internet macht es möglich – auf Anniina Sandberg und ihre Website www.visitnatives.com gestoßen, über die sie Reisende auf der Suche nach einem authentischen und umweltbewussten Tourismus mit der Familie von Nils Mikkelsen Sara in Kontakt bringt, einem Rentierhalter und Nomaden, der den größten Teil des Sommers auf der Insel Sørøya verbringt.

Ehrlich gesagt dachten wir nach den Lofoten, wir hätten so ungefähr alles von Norwegen gesehen. Eine gewaltige Fehleinschätzung! Sørøya ist einfach sensationell schön, und zwar überall, von den Bergen bis hin zu den Klippen, die steil ins Meer abfallen, über die endlosen grünen Wiesen. Nach einigen Kilometern, die uns in regelrechtes Entzücken versetzen, treffen wir abends bei Nils ein, später stößt noch sein bester Freund Simon dazu. Dann gibt es das eine oder andere Bier und in Butter gebratenes Rentierfleisch auf Brot mit Blaubeerkonfitüre (Waldblaubeeren von der Insel), so wie die Samen es gerne essen. Vor allem aber haben wir einen spannenden Gedankenaustausch über eine Lebensweise, die uns vollkommen fremd ist.

Unsere erste Frage ist: Warum eigentlich das Nomadentum? Ganz einfach, weil Rentiere wandern, im Winter ziehen sie sich ins Landesinnere zurück, im Sommer nähern sie sich den Küsten (auf Sørøya leben im Sommer 4000 Rentiere von einem Dutzend Haltern). Dieser Rhythmus bringt große Einschränkungen mit sich, so ist Nils für lange Zeitspannen weit weg von seiner Familie, die in Kautokeino lebt, einer großen Samen-Kommune.

Das kann Nils jedoch nicht abschrecken, denn er hängt sehr an den Traditionen seines Volkes. So wie auch an den *joiks*, typischen Gesängen dieser Gemeinschaft. Aber vor allem am Umherziehen mit den Rentieren, das vom norwegischen Gesetz besonders geschützt wird, als exklusives Vorrecht der Samen. Die Herden werden nur innerhalb der Familie weitergegeben. Wir haben demnach den Abkömmling eines jahrhundertealten Geschlechts von Rentierhaltern vor uns. Wenn das nichts ist!

Stay alive – José González

Die Familie von Nils lebt also vom Verkauf von Rentierfleisch, Rentierfellen und allem, was sich an einem Rentier verwerten lässt (also so ungefähr alles). Aber auch vom Tourismus, einen Bereich, den er seit einigen Jahren mit Hilfe von Anniina weiterentwickelt. So kann man den Sommer auf Sørøya verbringen, aber vor allem gibt es die Möglichkeit, die Rentierherde bei ihrer Winterwanderung auf Schneemobilen zu begleiten. Man übernachtet dabei in traditionellen lavvus und trägt die samische Tracht, den *gatki*. Das ist eine neue Einnahmequelle für die Samen. Sie ermöglicht ihnen, ihre Lebensweise fortzuführen, ihre Traditionen und ihr reiches kulturelles Erbe weiterzugeben und bekannt zu machen, aber auch das Bewusstsein für Probleme zu wecken, mit denen die Gemeinschaft zu kämpfen hat.

Wie zum Beispiel die Klimaerwärmung und die Tatsache, dass die Winter seit etwa zehn Jahren nicht mehr schneesicher sind, was gravierende Folgen für das tägliche Leben einer Rentierherde hat. Wenn der Schnee nämlich tagsüber taut und nachts wieder friert, wird es für die Tiere immer schwieriger, Nahrung zu finden, und die Halter müssen zufüttern. Das sorgt für höhere Kosten und widerspricht auch dem Prinzip einer rein natürlichen Aufzucht.

Oder auch die Einschnitte, die dieses jahrtausendalte Volk durch das Entstehen neuer Nationalstaaten erleiden musste. So wurde ihr Land durch diverse Grenzen zerschnitten, die Norwegen von Finnland, Schweden und Russland trennte. Entsprechend entstand das Bedürfnis, auch auf nationaler und internationaler Ebene vertreten zu sein.

Kurzum, das Leben für Nils und seine Familie ist alles andere als entspannt. Trotzdem kann man sich kaum vorstellen, dass dieser Mann eines Tages sein Lächeln und seine Gelassenheit verlieren könnte. Wir verabreden uns zu einem Besuch der Insel am nächsten Tag.

Wir verbringen die Nacht nur ein paar hundert Meter von Nils' Zuhause entfernt und treffen unseren Inselführer am nächsten Morgen wieder. Es scheint, als habe er nicht besonders viel Schlaf abbekommen, er wirkt weniger energiegeladen als am Vorabend, ist aber nach wie vor gut gelaunt. Er nimmt uns mit in die Berge von Sørøya, auf die Suche nach seinen Rentieren. Bei der Gelegenheit können wir erneut die außergewöhnliche Schönheit der Insel bewundern, ein echtes Kleinod.

Unser Ausflug neigt sich dem Ende zu, Zeit, sich von unserem neuen Freund zu verabschieden, der uns bereits dazu einlädt, ihn bei der Winterwanderung zu begleiten. Und wir wissen, dass er das genau so meint!

Das samische Parlament in Karasjok

Damit Nils und die seinen sich Gehör verschaffen können, steht ihnen seit 1989 das samische Parlament zur Verfügung. Das ermöglicht ihnen, sich auf sehr konstruktive Weise mit den indigenen Völkern der ganzen Welt auszutauschen, aber vor allem ihren Forderungen Nachdruck zu verleihen, und vereinfacht ihre Interaktion mit der sogenannten modernen Gesellschaft, insbesondere dem norwegischem Parlament.

Letzteres hat beispielsweise der samischen Gemeinschaft und ihrer Kultur, ihrer Sprache, den gleichen Rang wie dem Norwegischen eingeräumt.

Das in Karasjok (wo ein großer Teil der samischen Gemeinschaft lebt) errichtete Gebäude, das 2000 vom König eingeweiht wurde, beherbergt neben dem Parlament außerdem eine großartige Bibliothek, die mit unterschiedlich dunklen Hölzern vertäfelt ist. Das Gebäude erinnert von außen an ein lavvu, das traditionelle Zelt.

Nordkap

Sollen wir oder sollen wir nicht dorthin fahren? Das war die Frage, zumal dieser Abstecher für uns einen großen Umweg bedeuten würde. Außerdem befindet sich das Informationszentrum nicht an dem eigentlichen Nordkap selbst, dieses erreicht man erst nach einer Wanderung von fast 20 Kilometern, und die lässt sich nur schwer in unserem Terminplan unterbringen.

Aber nachdem wir der Südspitze einen Besuch abgestattet hatten, hätte es sich irgendwie unvollständig angefühlt, wenn wir die Nordspitze ausgelassen hätten, und das wollten wir nun wirklich nicht. Also, Nordkap, wir kommen! Hätten wir geahnt, welcher Weg vor uns lag, hätten wir sicher nicht so gezögert. Von Alta aus fahren wir über die E6 bis nach Olderfjord, es fährt sich ganz wunderbar, geht durch Wälder, vorbei an Wasserläufen. Und das ist erst der Anfang, das krönende Finale erwartet uns in der zweiten Hälfte.

Auf der Höhe von Olderfjord stoßen wir zum Westufer des Porsangerfjord vor und fahren auf der E69 an ihm entlang in Richtung Honningsvåg, es gibt nur diese eine Straße bis zum Nordkap. Hier beeindrucken uns der riesige Fjord, die Felsen, zwischen denen hier und da Wasserfälle zu sehen sind, und hübsche kleine Buchten, hinter denen im milden Nachmittagslicht grüne Hügelkuppen auftauchen.

Dann kommt schließlich der Clou des Ganzen, die Route von Honningsvåg zum Nordkap, ein Abschnitt, der uns in die Höhe führt (dazu muss man wissen, dass wir uns hier 100 Meter über dem Meeresspiegel befinden), und der wunderbar

Wash – Bon Iver

sanft gewellte Ebenen durchquert, in denen zahlreiche Rentiere frei herumlaufen, und sich die Vegetation auf Gras und ein paar niedrige Pflanzen beschränkt. Grün so weit das Auge reicht, es geht hoch, es geht runter, um die Kurve ... es ist ganz einfach fantastisch.

Als wir am Nordkap ankommen, werden wir zum ersten Mal auf dieser Reise mit richtiger Kälte und einem kräftig pustenden Wind konfrontiert. Nachdem wir uns umgeschaut haben, flüchten wir uns zurück in den Van, für einen Imbiss mit unseren norwegischen Lieblingsprodukten: skandinavisches Fladenbrot, Käse, Schinken, Kirschtomaten und Blaubeeren zum Nachtisch. Dazu genießen wir den womöglich einmaligen Blick auf die Barentssee. Gut, dass wir hingefahren sind!

Der Nordkap-Aussichtspunkt

Ein kleiner Hinweis an alle, die sich mehr zutrauen: Wenn ihr es irgendwie einrichten könnt, dann lauft die 20 Kilometer zum echten geografischen Nordkap, das ist deutlich exklusiver.

Es ist zwar nicht so, dass der für Touristen angelegte Aussichtspunkt eine Enttäuschung wäre, aber bevor man hinfährt, sollte man wissen: Der Zugang zum Parkplatz ist kostenpflichtig. Das ist an sich nicht ungewöhnlich, nur zahlt man hier 550 NOK (für zwei Personen), also umgerechnet ungefähr 60 €, wenn man die Bankgebühren mit einrechnet. Aber, um auch das Positive zu sehen, dafür darf man dann 24 Stunden dort parken.

Dazu gehören ein Museum, ein Hotel, ein Restaurant mit Panorama-Bar, eine Kapelle, öffentliche Toiletten (die nachts geschlossen sind), ein Souvenirladen, und natürlich hat man eine grandiose Aussicht.

Für diejenigen unter euch, die gerne das Nordkap-Feeling haben wollen, aber dafür nicht unbedingt Parkplatzgebühren bezahlen möchten, bietet Destinasjon 71°, das seine Niederlassung in Honningsvåg hat, eine ganze Reihe von Unternehmungen an, bei denen man die Insel Magerøya erkunden kann, von Safaris, die der berühmten Königskrabbe gewidmet sind, bis hin zu Fahrten mit dem Quad bis hinauf zum Nordkap.

Trollholmsund

Ein Roadtrip ist (vor allem!) die Gelegenheit, ausgetretene Pfade zu verlassen, und weniger, bekannte Orte zu entdecken. Trollholmsund ist ein sehr gutes Beispiel dafür, obendrein kann man dort einen hübschen Spaziergang am Meer machen.

Bis wir die Stelle gefunden haben, sind wir allerdings ziemlich lange rumgeirrt, am Beginn des Weges wurde nämlich gerade gebaut. Nachdem man seinen Van geparkt hat, muss man nur dem Feldweg folgen, bis das erste Haus auftaucht, dann biegt man nach rechts ab, auf den Höhenweg, der entlang der Küste verläuft, da kann man ein paar hundert Meter wunderbar laufen. Das hört sich jetzt einfach an, aber wir haben ziemlich lange gesucht! Zu unserer Entlastung muss man sagen, dass das erste Schild vollkommen unleserlich war.

Aber auch wenn es etwas schwierig ist, den Startpunkt zu finden, in dem Moment, wo man da ist, weiß man sofort, dass man richtig ist. Als wir den Strand erreichen, stehen wir vor einem guten Dutzend kleiner Steinhügel, der Legende zufolge Trolle, die in Steine verwandelt wurden. Es ist stark davon auszugehen, dass es auch eine streng wissenschaftliche Erklärung dafür gibt, aber wir bevorzugen diese. Wie auch immer, der Ort hat einen besonderen Zauber und lohnt auf jeden Fall einen Abstecher, auch wenn man dafür eine Herde von sieben oder acht ziemlich angsteinflößenden Kühen austricksen muss!

♫ *The Tourist – Chilly Gonzales*

Die Wikinger-pferde

Wenn man Norwegen durchquert, hat man eigentlich permanent das Gefühl, sich in einem Postkartenidyll zu befinden. Angesichts dieser Landschaft bekommt man irgendwann Lust auf einen kleinen Ausritt – ich mit meiner typischen Jockey-Statur (!) und Clémence als große Pferdeliebhaberin! Doch es gibt in diesem Land nicht gerade Reitställe und Reitschulen im Überfluss.

Das ist eben das Schöne daran, es ist eine sehr exklusive Angelegenheit. So kommt es also, dass wir auf dem Rückweg vom Nordkap in Lakselv landen, in dem kleinen Reitstall von Saarela Gård und bei Atli Konradsson, in der Hoffnung, dass jemand mit uns einen Ausritt in die Umgebung machen kann. Doch leider steht dafür niemand zur Verfügung.

Dafür werden wir sehr herzlich empfangen, von Atli, einem Isländer (das muss unbedingt erwähnt werden), der uns direkt zum Frühstück einlädt. Er war früher Meeresbiologe, spezialisiert auf das Studium von Walen. Da fragt man sich natürlich, wie er hier gelandet ist. Die Erklärung ist, dass er eine wissenschaftliche Expedition hierher unternommen hat und geblieben ist. Da kann man mal sehen, wie die Erforschung von Finnwalen so ein Leben umkrempeln kam.

Er ließ sich also in Norwegen nieder, zuerst auf der Insel Rolvsøya, von der seine Frau stammt, dann in Lakselv als Lehrer. Im Jahr 2008 hat er dann seine ersten Pferde gekauft, das waren bereits Isländer, wie gesagt, das ist ein wichtiges Detail. Denn das sind nicht irgendwelche Pferde, sondern die Pferde der Wikinger! Robuste, belastbare Tiere, die nur ab und an ihre Launen haben, aber vor allem dank ihres dicken Fells der Kälte trotzen. Zudem sind die Tiere so gedrungen und stämmig, dass die Wikinger sie auf ihren Schiffen mitnehmen konnten, als die skandinavischen Krieger im 9. Jahrhundert aufbrachen, um Island zu kolonisieren.

Inzwischen hat Atli in seinem Reitstall ein Dutzend Pferde, von denen einige in Island geboren sind. Von denen wählt er zwei aus, und so machen wir also einen Ausritt, während er seine Reitstunden gibt. Diese Pferde vertraut er uns einfach so an! Wir entschließen uns, einen kurzen Ausflug zur Spitze des Porsangerfjords zu unternehmen. Anschließend setzen wir uns ins Haus, das Atli offen gelassen hat. Wir haben vor, ein wenig zu arbeiten. Nachdem der Tag sich so gut angelassen hat, war es dann auch fast keine Überraschung mehr, als unser Gastgeber uns einlud, mit seiner Familie zusammen zu Abend zu essen.

Mal abgesehen von Atlis Gastfreundschaft ist Saarela Gård ein Ort, den die Reitsportfreunde unter euch unbedingt aufsuchen sollten. Der Reitstall bietet vor allem kurze Ausritte an, man kann aber auch Reittouren von mehreren Tagen buchen, die ganz auf die jeweiligen Bedürfnisse zugeschnitten sind (vorausgesetzt ihr vereinbart das vorher). Im Sommer gibt es zudem Workshops für Kinder und Jugendliche inklusive Übernachtung. So kann man völlig in diese traumhafte Landschaft eintauchen – was will man mehr?

Saarela Gård

Saarelaveien 1 – 9700 Lakselv

If I Had A Heart – Fever Ray

Nightspot

70° 4' 41.862" N | 24° 55' 25.1832" E

Lakselv

Das ist wirklich ein hübscher Ort, um die Nacht zu verbringen. Wenn ihr von der Hauptstraße abfahrt, findet ihr ganz am Ende eines Feldweges eine Handvoll Parkplätze, die auf ganz natürliche Art durch Bäume und Sträucher voneinander getrennt sind, direkt am Wasser. Nel hat sogar die Gelegenheit genutzt, sich die Pfoten zu vertreten und einen kleinen Nahrungsmittelvorrat zuzulegen!

Kirkenes, das Ende von Norwegen

So wie das Nordkap war auch Kirkenes auf unserer Liste mit einem Fragezeichen versehen, da wir nicht wussten, ob die Zeit für einen Besuch reichen würde. Und genau wie das Nordkap ist es vor allem ein Ort mit Symbolcharakter: Nachdem wir die Südspitze, die Nordspitze und die Westküste besucht hatten, mussten wir schließlich auch einmal ganz im Nordosten des Landes gewesen sein! Denn Kirkenes ist unter anderem dafür bekannt, dass es die letzte norwegische Stadt vor der russischen Grenze ist. Letztlich entscheiden wir uns natürlich dafür, die Sache zu Ende zu bringen. Mit »der Sache« meinen wir in diesem Fall Norwegen.

Damit haben wir mal wieder eine gute Wahl getroffen, und wie so oft überzeugt uns vor allem der Weg dorthin, schon auf den ersten Kilometern von Børselv bis nach Tana, dort gibt es eine der wenigen Brücken, über die man den gleichnamigen Fluss überqueren kann. Große, menschenleere Täler, die selbst der Vegetation stellenweise zu unwirtlich zu sein scheinen, während die Straße von malvenfarbenen Felsen begrenzt wird. Eine sehr arktisch wirkende Landschaft, die anders aussieht als alles, was wir bis dahin gesehen haben.

In Tana treffen wir erneut auf die E6 (die Oslo mit Kirkenes verbindet, immerhin eine Strecke von 2500 Kilometern), sie führt uns entlang der Ufer des Varangerfjord, dann in die weiten Ebenen der Finnmark, bis Kirkenes. Mal wieder eine traumhafte Route!

Das kann man von der Stadt selbst nicht wirklich behaupten, Kirkenes kann nicht mit

Russians – Sting

besonderem Charme aufwarten. Aber es gibt dann doch eine Besonderheit, die uns ins Auge fällt: Die Schilder, auf denen die Ortsnamen auf Norwegisch und in kyrillischen Buchstaben stehen Ein deutliches Zeichen dafür, dass Russland nicht weit ist.

Für Geschichtsinteressierte ist dieser Ort vor allem wegen seines Schicksals im Zweiten Weltkrieg interessant. Die Stadt wurde während des Krieges so heftig bombardiert wie kaum eine andere in Nordeuropa, es gab tausendmal Bombenalarm und 320 Luftangriffe. Kein Wunder also, dass nur dreizehn Häuser stehen geblieben sind.

Für uns steht Kirkenes vor allem fürs Umkehren: Nachdem wir am äußersten Ende des Landes angekommen sind, ist es an der Zeit, den Rückweg anzutreten. Aber nicht ohne dass wir ein kleines Souvenir mitnehmen. Als wir durch Zufall auf dem russischen Markt landen (es kann ja nicht immer ein Foodfestival sein), der jeden letzten Donnerstag im Monat stattfindet, verlassen wir ihn mit Matrjoschka-Puppen in Richtung Karasjok.

Solltet ihr an Bord eures treuen Gefährten auch froh sein um jeden Kilometer, den ihr einsparen könnt, warum nicht eine Abkürzung durch Finnland wählen? Und sei es nur, um mal wieder in der Eurozone unterwegs zu sein, nach der ihr euch die ganze Zeit so gesehnt habt. Unsere Entscheidung ist schnell getroffen, und wir haben Glück, es ist eine schöne Route durch wunderbar herbstlich gefärbte Lärchenwälder. Und das Ende unserer Rundreise naht in großen Schritten ...

P
Kirkegata
Киркегата

HOTEL
ГОСТИНИЦА

Die Huskys von Innset

Auch wenn Sommer ist, man kann schwerlich zwei Monate in Norwegen verbringen, ohne die Schlittenhunde zu erwähnen, eine der größten Touristenattraktionen des Landes, und zwar sowohl im Norden als auch im Süden. Als wir also nach anderthalb Monaten die Rückreise antreten, verabreden wir mit der Huskyfarm von Innset einen kurzen Besuch.

Dort treffen wir auf Bjørn, der seit 1984 in Norwegen lebt, nach einem – ihr werdet jetzt denken, wir suchen diese Leute mit Absicht aus – ziemlich ungewöhnlichen Abenteuer. Er hat nämlich das Land zu Fuß durchwandert und sich bei den letzten paar hundert Kilometern einen Hund zur Unterstützung geholt. Damit war eine Leidenschaft geboren, Bjørn kehrte nicht mehr in seine Heimat Deutschland zurück, und Regina folgte ihm nach.

Seither verbringt er, umgeben von seinen 90 Hunden, ein Drittel seiner Zeit auf seinem Schlitten, lebt währenddessen im Zelt und zeigt Touristen den Øvre Dividal-Nationalpark.

Natürlich sind wir dafür zu früh dran. Wir sind sogar so früh dran, dass die Hunde heute zum ersten Mal überhaupt wieder trainiert werden. Die 90 Huskys sind so dermaßen aufgeregt angesichts der Aussicht auf eine Tour, dass sie einen ohrenbetäubenden Lärm veranstalten. Sie beruhigen sich erst wieder, als die ersten Gespanne den Hof verlassen. Bei ihrer Rückkehr geht das Ganze dann aber wieder von vorne los.

Während Bjørn und Regina verschiedene Kombinationen und Teams ausprobieren, kümmern wir uns um die Ausbildung der kommenden

La Ritournelle – Sébastien Tellier

Generationen, indem wir uns mit den letzten beiden Würfen die Zeit vertreiben (der eine ist neun Wochen alt, der andere vier Monate). Wir haben keine Ahnung, ob diese Welpen später gute Schlittenhunde werden, aber im Schmusen sind die Kleinen jedenfalls ganz groß! Nel möchte uns dazu bringen, einen zu adoptieren, aber wir müssen vernünftig bleiben, schließlich fahren wir gleich weiter, und wie sollten wir unseren Freunden von Mercedes die Beißspuren in Lagerthas Polstern erklären ...

Der Øvre Dividal-Nationalpark

Der Øvre Dividal-Nationalpark zieht sich entlang der Grenze zu Schweden, ist urwüchsig und liegt besonders abgelegen. Er liegt so abgelegen, dass er noch nicht mal über eine Straße zu erreichen ist. Eben darum hat die 20 Kilometer entfernt liegende Huskyfarm von Innset einen optimalen Standort.

Fahrzeuge aller Art, Schneemobile inklusive, sind nur sehr eingeschränkt erlaubt, entsprechend beliebt sind die Schlittentouren, bei denen man die vielfältige Fauna beobachten kann, von Bären bis Elchen, über Luchse bis hin zu Vielfraßen. Das ist ein Glücksfall für Bjørn und Regina, die sich auf lange Ausfahrten spezialisiert haben. Darüber hinaus bieten sie mehrere Beherbergungsmöglichkeiten an.

Wer den Øvre Dividal-Nationalpark auf eigene Faust besuchen möchte, für den ist die Stadt Setermoen ein idealer Ausgangsort. Dort kann man sich mit Lebensmitteln eindecken, bevor man zu seinem Abenteuer aufbricht oder sich in Patricia's Gatekjøkken – einem kleinen Diner im amerikanischen Stil, in dem es unter anderem köstliche, üppig belegte Pizzen gibt – den nötigen Vorrat an Kohlehydraten verschaffen oder aber nach einer anstrengenden Tour bei einem Kaffee im Bardu Hotell aufwärmen, einem durch und durch skandinavischen Ort, und dabei sehr cosy.

Lieblingsorte

Huskyfarm Innset (Bjørn Klauer)

9360 Bardu

Bardu Hotel

Toftakerlia 1, 9360 Bardu

Hier kann man sich bei einem Kaffee aufwärmen und arbeiten, ein durch und durch skandinavischer Ort und dabei sehr cosy.

2 Monate, Norwegen, Lagertha und wir!

In Zahlen bedeutet das:

13 000 km davon über 10.000 km in Norwegen

18 Fähren (1133 €)

17 Mal tanken (1550 € für ungefähr 1000 l)

20 l Adblue (28 €)

5 mal Auffüllen des Wassertanks von 38 l (190 l)

13 der 18 Panoramarouten Norwegens

1 mal zum Nordkap UND 1 mal zum Südkap!

7 Nächte auf dem Campingplatz (221 €, also im Schnitt 32 €)

2 Nächte im Hotel

1 Nacht in der Lodge

1 Nachmittag Skifahren auf einem Gletscher

2 Stunden Kajak

1 Schnorcheltour

1 Surf-Premiere am Polarkreis

5 andere Gelegenheiten ins Wasser zu springen, am Meer/in Seen/in Fjorden!

2 Reitausflüge

1 Dutzend lokale Biere getestet

1 Fischmarkt (Fisktorget i Bergen)

10 Restaurants

1 mal mitgekocht (Bryggjen i Bud)

2 Foodfestivals (Gladmat & Grünerløkka)

1 Käseprobe nicht überzeugend (Galamost)

3 Schalen Erdbeeren aus Valldal

2 Schalen Kirschen in Hardangerfjord, dem Obstgarten Norwegens!

100 Caffè Latte

Mehrere Schaf-Gangs

Ein Dutzend frei herumlaufende Rentiere

1 Elch ... von Weitem!

4 Königskrabben

1 Handvoll Mücken

1 Seestern

1 Horde Huskys

8 Mäuse für Nel (bei seiner Mahlzeit draußen!)

2 Besuche beim Tierarzt

3 Regenbögen

0 Pannen ...

Index Vanlife

Danksagung

Man kann schnell das Gefühl bekommen, allein auf der Welt zu sein, wenn man die Serpentinen einer norwegischen Passstraße entlangfährt. Dennoch war dieses Abenteuer eine echte Teamarbeit, und sie wäre ohne die Zufallsbegegnungen am Wegesrand sicher nicht das Gleiche gewesen. Wir möchten also verschiedenen Personen danken, in loser Reihenfolge:

Joseph und Augustin dafür, dass sie uns ihr Vertrauen geschenkt haben, so wie dem ganzen WeVan-Team.
François ist und bleibt unser persönlicher Guru.
Antoine für seine Begutachtung und seine klugen Ratschläge bei der Umsetzung dieses Buches.
Der ganzen Clique von *5ème Étape*, Adrien, den wir versucht haben, nicht überzustrapazieren, Alex für eine Live-Einstimmung am Tag unserer Abreise.
Caroline, Harry, Stéphane, Yvan und das gesamte Mercedes-Team; dafür, dass sie immer zu unserer Verfügung standen und für die Begeisterung, mit der sie unsere Tour begleitet haben.
Marie-Emily und unsere Freunde der *Au Vieux Campeur*-Läden für ihren Sachverstand und die freundlicherweise zur Verfügung gestellte Ausrüstung.
Nel für das, was er zu den Mahlzeiten beigetragen hat, wenn es auch nicht immer im Sinne aller war.
Dem *Lieutenant* dafür, dass er nicht sauer war, nachdem wir ihm versprochen hatten, mit ihm auch mal nach Norwegen zu fahren.
Allen Leuten, die wir unterwegs getroffen haben, für ihre Geduld und die schönen Momente, die wir mit ihnen verbracht haben: Frank, Gard, Hegelin und Audun, Pål und John, Reidar und Eldar, Alice und Ale, Daniel, Tommy und Mymy, Vincent, Anniina und Nils, Atli, Bjørn und Regina, Ingrid und Kristine ...

Und dann noch unseren Familien, die uns bei allen unseren Abenteuern unterstützen!

Clémence, Thomas und Nel

Unser Partner

Die von WeVan begründete schöne Heldensaga *Drive Your Adventure* gäbe es nicht ohne unsere Partner, die unsere Werte und unsere Begeisterung für das Reisen im Van teilen. Wir möchten ihnen an dieser Stelle einen großen Dank dafür aussprechen, dass mit ihrer Hilfe diese Reihe, »Reisebücher für das Reisen im Van«, das Licht der Welt erblicken kann, angefangen mit dem ersten Band, Norwegen.

Mercedes-Benz

Das Beste oder nichts! Seit 1926, dem Gründungsjahr der Daimler-Benz AG, baut Mercedes-Benz Autos, Busse und Lastwagen und folgt dabei dieser berühmten Devise.
Aus diesem inzwischen legendären Qualitätsbewusstsein heraus wurde die Nutzfahrzeug-Sparte entwickelt, Mercedes-Benz-Vans, und mit ihr die ganze Welt der Freizeitfahrzeuge (Tourer und Reisemobile). Tatsächlich haben die Ersten, die in den 1960er-Jahren Freizeitfahrzeuge entwickelten, auf einige der sagenhaften Chassis der Marke mit dem Stern zurückgegriffen, als sie diese Art des Reisens begründeten (Mercedes-Benz 319, T2, TN/T1, bis hin zu den legendären Modellen Sprinter und Vito, die 1995 und 1996 herauskamen, und – in neuen Generationen – bis heute gebaut werden.)
Die Grundlage war also bereits gelegt. Ausgehend von dem berühmten Vito und mit der Mercedes-V-Klasse als Basisfahrzeug begann Mercedes-Benz einige Jahre später die neueste Ausführung seines Campervan zu vermarkten: den Marco Polo. Dieser setzt seither Maßstäbe im Segment der Freizeitfahrzeuge.
Die Firma Westfalia Mobil, auf ihrem Gebiet ebenfalls führend, hat ihn nach allen Regeln der Kunst ausgebaut. Der Marco Polo wird den hohen Qualitätsansprüchen von Mercedes-Benz gerecht und bietet allen Abenteurern, die die Möglichkeit, ja das Glück haben, mit ihm unterwegs zu sein, eine absolut außergewöhnliche Nomaden-Erfahrung. Genug der Worte, nichts könnte das besser illustrieren als der Reisebericht von Clémence und Thomas, mit denen ihr auf Tour gehen wollt, also: Gute Fahrt im Marco Polo!

wevan
DRIVE YOUR ADVENTURE

Produktmanagement: Kerstin Thiele
Übersetzung aus dem Französichen:
Cornelia Wend
Lektorat: Claudia Alt
Satz: satz & repro Grieb, München
Korrektur: Daniela Schäfer
Herstellung: Anna Katavic
Printed in Slovenia by Florjancic

Unser komplettes Programm finden Sie unter:

www.bruckmann.de

★★★★★

Sind Sie mit diesem Titel zufrieden? Dann würden wir uns über Ihre Weiterempfehlung freuen. Erzählen Sie es im Freundeskreis, berichten Sie Ihrem Buchhändler oder bewerten Sie bei Onlinekauf. Und wenn Sie Kritik, Korrekturen, Aktualisierungen haben, freuen wir uns über Ihre Nachricht an
Bruckmann Verlag,
Postfach 40 02 09,
D-80702 München
oder per E-Mail an lektorat@verlagshaus.de

Die Deutsche Nationalbibliothek verzeichnet diese Publikation in der Deutschen Nationalbibliografie; detaillierte bibliografische Daten sind im Internet über http://dnb.d-nb.de abrufbar.

Die französischsprachige Originalausgabe mit dem Titel *Drive your adventure; La Norwège en van*; erschien erstmals 2019 bei Éditions Apogée eine Marke der Firma Feuilles de style, Rennes und WeVan Franchise, Saint Herbain

Grafisches Konzept und Ausführung:
La 5ième Ètape
Künstlerische Leitung: Adrien Vilarem
Fotocopyright: Clémence Polge und Thomas Corbet

ISBN 978-3-7343-2130-6